Cozinha Sous-Vide para Iniciantes
Sabores Precisos e Deliciosos

João Silva

Caranguejo com Molho de Manteiga de Limão 10
Salmão Speedy North-Style 11
Saborosa truta com molho de mostarda e tamari 12
Atum com gergelim com molho de gengibre 13
Rolinhos Divinos de Caranguejo com Alho e Limão 15
Polvo grelhado picante com molho de limão 17
Espetadas de camarão crioulo 19
Camarões com molho picante 21
Alabote com chalotas e estragão 22
Bacalhau com Manteiga de Ervas e Limão 24
Garoupa com Manteiga de Nantais 26
flocos de atum 28
vieiras com manteiga 29
sardinha com hortelã 30
Dourada em vinho branco 31
Salada de salmão e couve com abacate 32
Salmão Gengibre 34
Mexilhões em suco de limão fresco 35
Bifes de atum marinados em ervas 36
Rissóis de caranguejo 38
Chili Smelts 40
Filetes de Bagre Marinados 42
camarões limão salsa 44
Sous Vide Alabote 45

Solha de manteiga de limão ... 47
Caldeirada de Bacalhau com Manjericão ... 49
Tilápia fácil ... 50
Salmão com Espargos ... 51
caril de cavala ... 52
lula de alecrim ... 53
Camarão Frito Com Limão ... 54
polvo grelhado ... 55
Bifes de Salmão Selvagem ... 57
ensopado de tilápia ... 58
Amêijoas na manteiga com pimenta ... 60
truta coentro ... 62
anéis de lula ... 63
Salada de Abacate e Camarão ... 64
Pargo na manteiga com molho cítrico de açafrão ... 66
Filé de bacalhau em crosta de gergelim ... 68
Salmão cremoso com molho de espinafre e mostarda ... 70
Vieiras de páprica com salada fresca ... 72
Vieiras picantes com manga ... 74
Alho-poró e camarão com vinagrete de mostarda ... 76
Sopa De Camarão No Coco ... 78
Mel de salmão com macarrão soba ... 80
Lagosta gourmet com maionese ... 82
Coquetel De Camarão ... 84
Salmão Limão com Ervas ... 86
Caudas de lagosta com manteiga ... 87
Salmão tailandês com couve-flor e macarrão de ovo ... 88

Robalo light com endro 90
Camarão Sweet Chili Frito 91
Camarão Tailandês Frutado 93
Camarão à moda de Dublin com limão 95
Vieiras suculentas com molho de alho-pimenta 97
Caril de camarão com macarrão 99
Bacalhau cremoso salgado com salsa 100
French Pot de Rillettes com salmão 102
Salmão com purê de batata com coco 103
Tigela de polvo com endro 105
Salmão ao molho holandês 106
Salmão limão com manjericão 108
Pedaços com salmão e espargos 110
Omelete de carne moída 112
Omelete Leve Vegetariano 114
Sanduíche com abacate e ovo 116
Ovos cozidos 117
ovos cozidos 119
Ovos em conserva 120
Ovos moles e pimenta 122
ovos abençoados 123
Ovo mexido com endro e açafrão 124
ovos escalfados 125
ovos em bacon 126
Ovos De Tomate Cereja 127
mistura de pastrami 128
Tomate Shakshuka 129

omelete de espinafre 130
Omelete de rúcula e presunto 131
Omelete de Cebola e Gengibre 132
Pedaços De Frango De Cereja 133
Torrada de Canela e Caqui 135
Asas de frango com gengibre 136
Rissóis De Carne 138
Couves Verdes Recheadas 139
Salsicha italiana com ervas 140
Alcachofras, Limão e Alho 142
Croquetes de gema panko 143
Chili Homus 144
palitos de mostarda 145
Rolinhos de berinjela com pistache 146
Molho De Ervilha 147
batatas fritas 148
Salada de peru com pepino 149
bolas de gengibre 150
Bolinhas De Bacalhau 151
Cenouras Glaceadas 153
Asas De Frango Quentes 154
Muffins de bacon e cebola 155
Mexilhões em vinho branco 157
milho tamari na espiga 158
vieiras com bacon 159
aperitivo de camarão 160
Creme De Fígado De Frango 161

Legumes de Abóbora com Gengibre ... 162
cauda de lagosta ... 163
churrasco de tofu ... 164
Saborosa rabanada ... 165
Pato doce e picante ... 166
almôndegas de peru ... 167
Sobrecoxa Doce com Tomate Seco ... 168
frango adobo ... 169
Chouriço Frutado "Eat-me" ... 170
Frango e Cogumelos ao Molho Marsala ... 171
Damascos de baunilha com uísque ... 173
Homus temperado fácil ... 174
Pauzinhos de Limão Kaffir ... 176
Purê de batata ao leite com alecrim ... 177
Espetos de tofu doce com legumes ... 178
filetes de frango dijon ... 180
Pimentos recheados com cenoura e nozes ... 181
Pato laranja com páprica e tomilho ... 183
Perna de peru envolta em bacon ... 184
Mix de aspargos e estragão ... 185
Couve-Flor Picante ... 187
Tiras de batata caiena com molho de maionese ... 188
Pato na manteiga e doce ... 190
Manteiga Inhame ... 191
Quiche de espinafres e cogumelos ... 192
Manteiga de Milho Mexicana ... 194
Pêras Queijo com Nozes ... 196

Purê de brócolis e queijo azul 197
abobrinha ao curry 198
Batata doce assada com nozes 199
Beterraba Picante 200
Manteiga de milho picante 201
Batatas com páprica e alecrim 202
Pão De Abóbora No Pote 203
Ovas de alho-poró e alho 204
Molho cremoso de alcachofra 205
Molho de Queijo e Rabanetes 207
molho de aipo 208
molho barbecue picante 209
xarope de gengibre 211

Caranguejo com Molho de Manteiga de Limão

Preparação + tempo de cozedura: 70 minutos | Porções: 4

ingredientes

6 dentes de alho, picados
Raspa e sumo de ½ lima
1 libra de carne de caranguejo
4 colheres de manteiga

instruções

Prepare um banho-maria e insira o Sous Vide. Ajuste para 137 F. Combine bem 1/2 do alho, as raspas de limão e 1/2 do suco de limão. Pôr de lado. Coloque a carne de caranguejo, manteiga e limão em um saco lacrado a vácuo. Libere o ar pelo método de deslocamento de água, feche e mergulhe o saco no banho-maria. Cozinhe por 50 minutos. Assim que o cronômetro parar, remova o saco. Elimine os sucos do cozimento.

Aqueça uma panela em fogo médio-baixo e despeje a manteiga restante, a mistura de limão restante e o suco de limão restante. Sirva o caranguejo em 4 ramequins, regado com manteiga de limão.

Salmão Speedy North-Style

Tempo de preparação + cozedura: 30 minutos | Porções: 4

ingredientes

1 colher de sopa de azeite
4 filés de salmão com pele
Sal e pimenta preta a gosto
Raspas e sumo de 1 limão
2 colheres de sopa de mostarda amarela
2 colheres de chá de óleo de gergelim

instruções

Prepare um banho-maria e coloque a seladora a vácuo sobre ele. Ajuste para 114 F. Tempere o salmão com sal e pimenta. Combine as raspas de limão e suco, óleo e mostarda. Coloque o salmão em 2 sacos fechados a vácuo com a mistura de mostarda. Solte o ar pelo método de deslocamento de água, feche e mergulhe os sacos na banheira. Cozinhe por 20 minutos. Aqueça o óleo de gergelim em uma panela. Assim que o cronômetro parar, retire o salmão e seque. Transfira o salmão para a frigideira e doure-o por 30 segundos de cada lado.

Saborosa truta com molho de mostarda e tamari

Preparação + tempo de cozedura: 35 minutos | Porções: 4

ingredientes

¼ xícara de azeite
4 filés de truta, descascados e fatiados
½ xícara de molho tamari
¼ xícara de açúcar mascavo claro
2 dentes de alho, picados
1 colher de sopa de mostarda de Coleman

instruções

Prepare um banho-maria e coloque a seladora a vácuo sobre ele. Ajuste para 130 F. Combine o Molho de Tamari, o açúcar mascavo, o azeite e o alho. Coloque a truta em um saco lacrado a vácuo com a mistura de tamari. Libere o ar pelo método de deslocamento de água, feche e mergulhe o saco no banho-maria. Cozinhe por 30 minutos.

Assim que o cronômetro parar, retire as trutas e seque-as com papel toalha. Elimine os sucos do cozimento. Decore com molho de tamari e mostarda para servir.

Atum com gergelim com molho de gengibre

Preparação + tempo de cozedura: 45 minutos | Porções: 6

Ingredientes:

Atum:

3 bifes de atum

Sal e pimenta preta a gosto

⅓ xícara de azeite

2 colheres de sopa de óleo de canola

½ xícara de sementes de gergelim preto

½ xícara de sementes de gergelim branco

Molho de Gengibre:

1 polegada de gengibre, ralado

2 chalotas, picadas

1 pimenta vermelha, picada

3 colheres de sopa de água

2 ½ suco de limão

1 1/2 colheres de sopa de vinagre de arroz

2 1/2 colheres de sopa de molho de soja

1 colher de sopa de molho de peixe

1 1/2 colheres de açúcar

1 maço de folhas verdes de alface

Indicações:

Comece pelo molho: Leve ao lume um tacho pequeno e junte o azeite. Assim que estiver bem aquecido, adicione o gengibre e a pimenta. Cozinhe por 3 minutos, adicione o açúcar e o vinagre, mexa e cozinhe até que o açúcar se dissolva. Adicione um pouco de água e deixe ferver. Adicione o molho de soja, o molho de peixe e o suco de limão e cozinhe por 2 minutos. Deixe esfriar.

Coloque em banho-maria, sele a vácuo e ajuste para 110 F. Tempere o atum com sal e pimenta e coloque em 3 sacos selados a vácuo separados. Adicione o azeite, solte o ar do saco pelo método de deslocamento de água, feche e mergulhe o saco no banho-maria. Defina o temporizador para 30 minutos.

Assim que o cronômetro parar, remova e abra a bolsa. Reserve o atum. Leve uma frigideira ao fogo baixo e adicione o óleo de canola. Enquanto aquece, misture as sementes de gergelim em uma tigela. Seque o atum, polvilhe com sementes de gergelim e sele a parte superior e inferior em óleo aquecido até que as sementes comecem a torrar.

Corte o atum em tiras finas. Arrume uma travessa com a alface e disponha o atum sobre a cama de alface. Sirva com molho de gengibre como aperitivo.

Rolinhos Divinos de Caranguejo com Alho e Limão

Preparação + tempo de cozedura: 60 minutos | Porções: 4

ingredientes

4 colheres de manteiga
1 kg de carne de caranguejo cozida
2 dentes de alho, picados
Raspas e sumo de ½ limão
½ xícara de maionese
1 funcho, picado
Sal e pimenta preta a gosto
4 pãezinhos, partidos, untados e torrados

instruções

Prepare um banho-maria e coloque a seladora a vácuo sobre ele. Ajuste para 137 F. Combine alho, raspas de limão e 1/4 xícara de suco de limão. Coloque a carne de caranguejo em um saco a vácuo lacrado com manteiga e limão. Libere o ar pelo método de deslocamento de água, feche e mergulhe o saco no banho-maria. Cozinhe por 50 minutos.

Quando o cronômetro parar, remova o saco e transfira-o para uma tigela. Elimine os sucos do cozimento. Combine a carne de caranguejo com o restante suco de limão, maionese, erva-doce, endro, sal e pimenta. Recheie os rolinhos com a mistura de carne de caranguejo antes de servir.

Polvo grelhado picante com molho de limão

Preparação + tempo de cozedura: 4 horas 15 minutos | Porções: 4

ingredientes

5 colheres de sopa de azeite
1 libra de tentáculos de polvo
Sal e pimenta preta a gosto
2 colheres de sopa de suco de limão
1 colher de sopa de raspas de limão
1 colher de sopa de salsa fresca picada
1 colher de chá de tomilho
1 colher de sopa de páprica

instruções

Prepare um banho-maria e insira o Sous Vide. Ajuste para 179 F. Corte os tentáculos em pedaços de tamanho médio. Tempere com sal e pimenta. Coloque os comprimentos com azeite em um saco selável a vácuo. Libere o ar pelo método de deslocamento de água, feche e mergulhe o saco no banho-maria. Cozinhe por 4 horas.

Assim que o cronômetro parar, retire o polvo e seque com papel de cozinha. Elimine os sucos do cozimento. Polvilhe com azeite.

Aqueça uma grelha em fogo médio e doure os tentáculos por 10 a 15 segundos de cada lado. Pôr de lado. Misture bem o suco de limão, as raspas de limão, a páprica, o tomilho e a salsa. Cubra o polvo com o molho de limão.

Espetadas de camarão crioulo

Tempo de preparação + cozedura: 50 minutos | Porções: 4

ingredientes

Raspas e sumo de 1 limão
6 colheres de manteiga
2 dentes de alho, picados
Sal e pimenta branca a gosto
1 colher de sopa de tempero crioulo
1 1/2 libras de camarão, descascado
1 colher de sopa de endro fresco picado + para decorar
fatias de limão

instruções

Prepare um banho-maria e insira o Sous Vide. Defina para 137F.

Derreta a manteiga em uma panela em fogo médio e adicione o alho, o tempero crioulo, as raspas e suco de limão, sal e pimenta. Cozinhe por 5 minutos até a manteiga derreter. Reserve e deixe esfriar.

Coloque os camarões num saco de vácuo com fecho hermético com a mistura de manteiga. Libere o ar pelo método de deslocamento de água, feche e mergulhe o saco no banho-maria. Cozinhe por 30 minutos.

Assim que o cronômetro parar, retire os camarões e seque-os com papel toalha. Elimine os sucos do cozimento. Passe os camarões nos espetos e decore com endro e suco de limão para servir.

Camarões com molho picante

Preparação + Tempo de Cozedura: 40 minutos + Tempo de Arrefecimento | Porções: 5

ingredientes

2 libras de camarão, descascado e descascado
1 xícara de purê de tomate
2 colheres de sopa de molho de rábano
1 colher de chá de suco de limão
1 colher de chá de molho tabasco
Sal e pimenta preta a gosto

instruções

Prepare um banho-maria e coloque a seladora a vácuo sobre ele. Defina para 137 F. Coloque o camarão em um saco selável a vácuo. Solte o ar pelo método de deslocamento de água, feche e mergulhe o saco na banheira. Cozinhe por 30 minutos.

Assim que o cronômetro parar, remova o saco e transfira-o para um banho de água gelada por 10 minutos. Refrigere na geladeira por 1-6 horas. Misture bem o purê de tomate, o molho de raiz forte, o molho de soja, o suco de limão, o molho tabasco, o sal e a pimenta. Sirva os camarões com o molho.

Alabote com chalotas e estragão

Tempo de preparação + cozedura: 50 minutos | Porções: 2

Ingredientes:

2 quilos de filés de alabote
3 ramos de folhas de estragão
1 colher de chá de alho em pó
1 colher de chá de cebola em pó
Sal e pimenta branca a gosto
2 ½ colheres de chá + 2 colheres de chá de manteiga
2 chalotas, descascadas e cortadas ao meio
2 ramos de tomilho
Rodelas de limão para decorar

Indicações:

Faça banho-maria, insira o Sous Vide e ajuste para 124 F. Corte os filés de alabote em 3 pedaços cada e esfregue com sal, alho em pó, cebola em pó e pimenta. Coloque os filés, o estragão e 2 1/2 colheres de chá de manteiga em 3 sacos a vácuo com fecho. Libere o ar pelo método de deslocamento de água e sele os sacos. Coloque-os em banho-maria e cozinhe por 40 minutos.

Assim que o cronômetro parar, remova e abra os sacos. Leve uma frigideira ao fogo baixo e acrescente a manteiga restante. Depois de aquecido, retire a pele dos alabotes e seque. Adicione os alabotes com chalotas e tomilho e refogue o fundo e o topo até ficarem crocantes. Decore com rodelas de limão. Sirva com um lado de legumes cozidos no vapor.

Bacalhau com Manteiga de Ervas e Limão

Preparação + tempo de cozedura: 37 minutos | Porções: 6

ingredientes

8 colheres de manteiga

6 filetes de bacalhau

Sal e pimenta preta a gosto

Raspas de ½ limão

1 colher de sopa de endro fresco picado

½ colher de sopa de cebolinha fresca picada

½ colher de sopa de manjericão fresco picado

½ colher de sopa de salsa fresca picada

instruções

Prepare um banho-maria e insira o Sous Vide. Ajuste para 134 F. Tempere o bacalhau com sal e pimenta. Coloque o bacalhau e as raspas de limão num saco de vácuo com fecho hermético.

Em um saco separado e fechado a vácuo, coloque a manteiga, metade do endro, a cebolinha, o manjericão e a sálvia. Solte o ar pelo método de deslocamento de água, feche e mergulhe os dois sacos no banho-maria. Cozinhe por 30 minutos.

Assim que o cronômetro parar, retire o bacalhau e seque com papel de cozinha. Elimine os sucos do cozimento. Retire a manteiga do outro saco e deite o bacalhau por cima. Decore com o endro restante.

Garoupa com Manteiga de Nantais

Preparação + tempo de cozedura: 45 minutos | Porções: 6

Ingredientes:

Garoupa:

2 libras de garoupa, cortadas em 3 pedaços cada

1 colher de chá de cominho em pó

½ colher de chá de alho em pó

½ colher de chá de cebola em pó

½ colher de chá de coentro em pó

¼ xícara de tempero para peixe

¼ xícara de óleo de nozes

Sal e pimenta branca a gosto

Beure Blanc:

1 libra de manteiga

2 colheres de sopa de vinagre de maçã

2 chalotas, picadas

1 colher de chá de pimenta-do-reino moída

150 g de natas,

sal a gosto

2 ramos de endro

1 colher de sopa de suco de limão

1 colher de sopa de açafrão em pó

Indicações:

Coloque em banho-maria, sele a vácuo e ajuste para 132 F. Tempere os pedaços de garoupa com sal e pimenta branca. Colocar em um saco selável a vácuo, liberar o ar pelo método de deslocamento de água, selar e mergulhar o saco em banho-maria. Defina o temporizador para 30 minutos. Junte o cominho, o alho, a cebola, os coentros e o tempero de peixe. Pôr de lado.

Enquanto isso, prepare o beurre blanc. Leve uma panela ao fogo médio e adicione as chalotas, o vinagre e os grãos de pimenta. Cozinhe para obter uma calda. Reduza o fogo para baixo e adicione a manteiga, mexendo sempre. Adicione o endro, o suco de limão e o açafrão em pó, mexa sempre e cozinhe por 2 minutos. Junte as natas e tempere com sal. Cozinhe por 1 minuto. Desligue o fogo e reserve.

Assim que o cronômetro parar, remova e abra a bolsa. Leve uma frigideira ao fogo médio, adicione o óleo de noz-pecã. Seque a garoupa e tempere com a mistura de especiarias e refogue no óleo aquecido. Sirva a garoupa e o beurre nantais com um lado de espinafre cozido no vapor.

flocos de atum

Preparação + tempo de cozedura: 1 hora e 45 minutos | Porções: 4

Ingredientes:

¼ kg de bife de atum
1 colher de chá de folhas de alecrim
1 colher de chá de folhas de tomilho
2 xícaras de azeite
1 dente de alho, picado

Indicações:

Faça um banho-maria, insira o Sous Vide e ajuste para 135 F. Coloque o bife de atum, sal, alecrim, alho, tomilho e duas colheres de sopa de óleo no saco lacrado a vácuo. Libere o ar pelo método de deslocamento de água, feche e mergulhe o saco no banho-maria. Defina o temporizador para 1 hora e 30 minutos.

Assim que o cronômetro parar, remova o saco. Coloque o atum em uma tigela e reserve. Leve uma frigideira ao lume alto, junte o restante azeite. Depois de aquecido, despeje o atum por cima. Desfie o atum com dois garfos. Transfira e guarde em um recipiente hermético com azeite por até uma semana. Sirva como salada.

vieiras com manteiga

Tempo de preparação + cozedura: 55 minutos | Porções: 3

Ingredientes:

½ quilo de vieiras
3 colheres de chá de manteiga (2 colheres de chá para cozinhar + 1 colher de chá para dourar)
Sal e pimenta preta a gosto

Indicações:

Faça um banho de água, insira o Sous Vide e ajuste para 140 F. Seque as vieiras com uma toalha de papel. Coloque as vieiras, sal, 2 colheres de sopa de manteiga e pimenta em um saco lacrado a vácuo. Solte o ar pelo método de deslocamento de água, feche e mergulhe o saco no banho-maria e ajuste o cronômetro para 40 minutos.

Assim que o cronômetro parar, remova e abra a bolsa. Seque as vieiras com uma toalha de papel e reserve. Coloque uma frigideira em fogo médio e a manteiga restante. Depois de derretido, doure as vieiras dos dois lados até dourar. Sirva com um lado de legumes misturados com manteiga.

sardinha com hortelã

Preparação + tempo de cozedura: 1 hora e 20 minutos | Porções: 3

Ingredientes:

2 quilos de sardinha

¼ xícara de azeite

3 dentes de alho, esmagados

1 limão grande, espremido na hora

2 ramos de hortelã fresca

Sal e pimenta preta a gosto

Indicações:

Lave e limpe cada peixe, mas mantenha a pele. Seque com papel de cozinha.

Em uma tigela grande, misture o azeite com o alho, suco de limão, hortelã fresca, sal e pimenta. Coloque as sardinhas em um saco grande lacrado a vácuo junto com a marinada. Cozinhe em banho-maria por uma hora a 104 F. Retire do banho e escorra, mas reserve o molho. Tempere o peixe com o molho e o alho-poró cozido no vapor.

Dourada em vinho branco

Preparação + tempo de cozedura: 2 horas | Porções: 2

Ingredientes:

1 libra de dourada, com cerca de 1 polegada de espessura, limpa
1 xícara de azeite extra virgem
1 limão, espremido
1 colher de açúcar
1 colher de sopa de alecrim seco
½ colher de sopa de orégano seco
2 dentes de alho, esmagados
½ copo de vinho branco
1 colher de chá de sal marinho

Indicações:

Misture o azeite com o suco de limão, o açúcar, o alecrim, o orégano, o alho amassado, o vinho e o sal em uma tigela grande. Mergulhe o peixe nesta mistura e deixe marinar por uma hora na geladeira. Retire da geladeira e escorra, mas reserve o líquido para servir. Coloque os filés em um grande saco lacrado a vácuo e feche. Cozinhe em Sous Vide por 40 minutos a 122 F. Regue a marinada restante sobre os filés e sirva.

Salada de salmão e couve com abacate

Preparação + tempo de cozedura: 1 hora | Porções: 3

Ingredientes:

1 quilo de filé de salmão sem pele
Sal e pimenta preta a gosto
½ limão orgânico espremido
1 colher de sopa de azeite
1 xícara de folhas de repolho, picadas
½ xícara de cenoura assada, cortada em rodelas
½ abacate maduro em cubos
1 colher de sopa de endro fresco
1 colher de sopa de folhas de salsa fresca

Indicações:

Tempere o lombo com sal e pimenta dos dois lados e coloque em um saco grande que possa ser fechado a vácuo. Feche o saco e cozinhe en sous vide por 40 minutos a 122 F. Retire o salmão do banho-maria e reserve.

Misture o suco de limão, uma pitada de sal e a pimenta-do-reino em uma tigela e adicione gradualmente o azeite, mexendo sempre. Adicione o repolho picado e mexa para cobrir uniformemente com o vinagrete. Adicione as cenouras assadas, abacates, endro e salsa. Mexa delicadamente para misturar. Transfira para uma travessa e sirva com o salmão por cima.

Salmão Gengibre

Preparação + tempo de cozedura: 45 minutos | Porções: 4

Ingredientes:

4 filés de salmão com pele
2 colheres de chá de óleo de gergelim
1 ½ azeite
2 colheres de sopa de gengibre ralado
2 colheres de açúcar

Indicações:

Faça um banho de água, coloque o Sous Vide e ajuste a 124F. Tempere o salmão com sal e pimenta. Coloque o restante dos ingredientes listados em uma tigela e misture.

Coloque a mistura de salmão com açúcar em dois sacos seláveis a vácuo, solte o ar pelo método de deslocamento de água, feche e mergulhe o saco no banho-maria. Defina o temporizador para 30 minutos.

Assim que o cronômetro parar, remova e abra a bolsa. Leve uma frigideira ao fogo médio, coloque um pedaço de papel manteiga no fundo e pré-aqueça. Adicione o salmão, descasque e refogue por 1 minuto cada. Sirva com um lado de brócolis com manteiga.

Mexilhões em suco de limão fresco

Preparação + tempo de cozedura: 40 minutos | Porções: 2

Ingredientes:

1 libra de mexilhões frescos, descascados
1 cebola de tamanho médio, descascada e picada finamente
Dentes de alho, esmagados
½ xícara de suco de limão espremido na hora
¼ xícara de salsa fresca, finamente picada
1 colher de sopa de alecrim bem picado
2 colheres de sopa de azeite

Indicações:

Coloque os mexilhões juntamente com o sumo de lima, os alhos, a cebola, a salsa, o alecrim e o azeite num saco grande a vácuo com fecho hermético. Cozinhe em Sous Vide por 30 minutos a 122 F. Sirva com uma salada verde.

Bifes de atum marinados em ervas

Preparação + tempo de cozedura: 1 hora e 25 minutos | Porções: 5

Ingredientes:

2 libras de bifes de atum, com cerca de 1 polegada de espessura
1 colher de chá de tomilho seco, moído
1 colher de chá de manjericão fresco, finamente picado
¼ xícara de chalotas finamente picadas
2 colheres de sopa de salsa fresca, finamente picada
1 colher de sopa de endro fresco, finamente picado
1 colher de chá de raspas de limão fresco ralado
½ xícara de sementes de gergelim
4 colheres de sopa de azeite
Sal e pimenta preta a gosto

Indicações:

Lave os filetes de atum em água corrente fria e seque-os com papel de cozinha. Pôr de lado.

Em uma tigela grande, misture tomilho, manjericão, cebolinha, salsa, endro, óleo, sal e pimenta. Mexa até incorporar bem e depois mergulhe os bifes nesta marinada. Cubra bem e leve à geladeira por 30 minutos.

Coloque os bifes em um grande saco lacrado a vácuo junto com a marinada. Pressione o saco para retirar o ar e feche a tampa. Cozinhe em Sous Vide por 40 minutos a 131 graus.

Retire os bifes do saco e transfira para papel de cozinha. Seque delicadamente e remova as ervas. Pré-aqueça uma frigideira em fogo alto. Passe os bifes pelas sementes de gergelim e transfira para a frigideira. Cozinhe por 1 minuto de cada lado e retire do fogo.

Rissóis de caranguejo

Preparação + tempo de cozedura: 65 minutos | Porções: 4

Ingredientes:

1 libra de carne de caranguejo
1 xícara de cebola roxa, finamente picada
½ xícara de pimentão vermelho, bem picado
2 colheres de sopa de pimenta vermelha, finamente picada
1 colher de sopa de folhas de aipo, bem picadas
1 colher de sopa de folhas de salsa bem picadas
½ colher de chá de estragão, finamente picado
Sal e pimenta preta a gosto
4 colheres de sopa de azeite
2 colheres de sopa de farinha de amêndoa
3 ovos batidos

Indicações:

Aqueça 2 colheres de sopa de azeite em uma panela e adicione as cebolas. Frite até ficar translúcido e adicione os pimentões vermelhos esmagados e o pimentão. Cozinhe por 5 minutos, mexendo sempre.

Transfira para uma tigela grande. Adicione a carne de caranguejo, aipo, salsa, estragão, sal, pimenta, farinha de amêndoa e ovo. Misture bem e molde a mistura em rissóis de 2 polegadas de diâmetro. Divida delicadamente os hambúrgueres entre 2 sacos seláveis a vácuo e sele-os. Cozinhe a vácuo por 40 minutos a 122 F.

Aqueça o azeite restante em uma frigideira antiaderente em fogo alto. Retire as almôndegas do banho-maria e transfira-as para uma frigideira. Brown brevemente em ambos os lados por 3-4 minutos e sirva.

Chili Smelts

Preparação + tempo de cozedura: 1 hora e 15 minutos | Porções: 5

Ingredientes:

1 libra de fundentes frescos
½ xícara de suco de limão
3 dentes de alho, esmagados
1 colher de chá de sal
1 xícara de azeite extra virgem
2 colheres de sopa de endro fresco, finamente picado
1 colher de cebolinha picada
1 colher de sopa de pimenta malagueta, moída

Indicações:

Lave os smelts em água corrente fria e escorra. Pôr de lado.

Em uma tigela grande, misture o azeite com o suco de limão, o alho amassado, o sal marinho, o endro picado, a cebolinha picada e a pimenta vermelha. Coloque os cheiros nessa mistura e tampe. Leve à geladeira por 20 minutos.

Retire da geladeira e coloque em um saco grande lacrado a vácuo junto com a marinada. Cozinhe a vácuo por 40 minutos a 104 F. Retire do banho-maria e escorra, mas reserve o líquido.

Aqueça uma frigideira grande em fogo médio. Adicione os smelts e cozinhe brevemente por 3-4 minutos, virando-os. Retire do fogo e transfira para uma travessa de servir. Regue com a marinada e sirva de imediato.

Filetes de Bagre Marinados

Preparação + tempo de cozedura: 1 hora e 20 minutos | Porções: 3

Ingredientes:

1 quilo de filé de peixe-gato

½ xícara de suco de limão

½ xícara de folhas de salsa bem picadas

2 dentes de alho, esmagados

1 xícara de cebola, finamente picada

1 colher de sopa de endro fresco, finamente picado

1 colher de sopa de folhas frescas de alecrim, bem picadas

2 xícaras de suco de maçã espremido na hora

2 colheres de sopa de mostarda Dijon

1 xícara de azeite extra virgem

Indicações:

Em uma tigela grande, misture o suco de limão, as folhas de salsa, o alho amassado, a cebola picadinha, o endro fresco, o alecrim, o suco de maçã, a mostarda e o azeite. Bata até incorporar bem. Mergulhe os filés nesta mistura e cubra com uma tampa hermética. Leve à geladeira por 30 minutos.

Retire da geladeira e coloque em 2 sacos seláveis a vácuo. Sele e cozinhe a vácuo por 40 minutos a 122 F. Retire e escorra; reserve o líquido. Sirva regado com o próprio líquido.

camarões limão salsa

Preparação + tempo de cozedura: 35 minutos | Porções: 4

Ingredientes:

12 camarões grandes descascados e limpos
1 colher de chá de sal
1 colher de chá de açúcar
3 colheres de chá de azeite
1 folha de louro
1 raminho de salsa picada
2 colheres de raspas de limão
1 colher de sopa de suco de limão

Indicações:

Faça um banho-maria, insira o Sous Vide e coloque a 156 F. Em uma tigela, adicione o camarão, sal e açúcar, misture e deixe descansar por 15 minutos. Coloque os camarões, o louro, o azeite e as raspas de limão num saco fechado a vácuo. Libere o ar pelo método de deslocamento de água e sele. Mergulhe no banho e cozinhe por 10 minutos. Assim que o cronômetro parar, remova e abra a bolsa. Prato de camarão e regue com sumo de limão.

Sous Vide Alabote

Preparação + tempo de cozedura: 1 hora e 20 minutos | Porções: 4

Ingredientes:

1 libra de filés de alabote
3 colheres de sopa de azeite
¼ xícara de chalotas, finamente picadas
1 colher de chá de raspas de limão fresco ralado
½ colher de chá de tomilho seco, moído
1 colher de sopa de salsa fresca, finamente picada
1 colher de chá de endro fresco, finamente picado
Sal e pimenta preta a gosto

Indicações:

Lave o peixe em água corrente fria e seque-o com papel de cozinha. Corte em fatias finas polvilhe generosamente com sal e pimenta. Coloque em um saco grande a vácuo e acrescente duas colheres de sopa de azeite. Tempere com chalotas, tomilho, salsa, endro, sal e pimenta.

Pressione o saco para retirar o ar e feche a tampa. Agite o saco para cobrir todos os filés com os temperos e leve à geladeira por 30 minutos antes de cozinhar. Cozinhe a vácuo por 40 minutos a 131 F.

Retire o saco da água e deixe-o esfriar um pouco. Coloque-os sobre papel absorvente e escorra-os. Elimine as ervas.

Pré-aqueça o óleo restante em uma frigideira grande em fogo alto. Adicione os filés e cozinhe por 2 minutos. Vire os filés e cozinhe por cerca de 35-40 segundos, depois retire do fogo. Transfira o peixe de volta para uma toalha de papel e retire o excesso de gordura. Sirva imediatamente.

Solha de manteiga de limão

Preparação + tempo de cozedura: 45 minutos | Porções: 3

Ingredientes:

3 filés de linguado
1 1/2 colheres de sopa de manteiga sem sal
¼ xícara de suco de limão
½ colher de chá de raspas de limão
Pimenta limão a gosto
1 raminho de salsa para decorar

Indicações:

Faça um banho de água, insira o Sous Vide e ajuste a 132 F. Seque a sola e coloque-a em 3 sacos selados a vácuo separados. Libere o ar pelo método de deslocamento de água e sele os sacos. Mergulhe no banho-maria e ajuste o timer para 30 minutos.

Coloque uma frigideira pequena em fogo médio, adicione a manteiga. Assim que derreter, retire do fogo. Adicione o suco de limão e as raspas de limão e misture.

Assim que o cronômetro parar, remova e abra a bolsa. Transfira os filés de linguado para os pratos de servir, regue com o molho de manteiga e decore com salsa. Sirva com um lado de legumes verdes cozidos no vapor.

Caldeirada de Bacalhau com Manjericão

Tempo de preparação + cozedura: 50 minutos | Porções: 4

Ingredientes:

1 quilo de filé de bacalhau

1 xícara de tomate assado no fogo

1 colher de sopa de manjericão seco

1 xícara de caldo de peixe

2 colheres de pasta de tomate

3 talos de aipo picados finamente

1 cenoura, fatiada

¼ xícara de azeite

1 cebola, finamente picada

½ xícara de cogumelos

Indicações:

Aqueça o azeite em uma frigideira grande em fogo médio. Adicione o aipo, a cebola e a cenoura. Refogue por 10 minutos. Retire do fogo e transfira para um saco lacrado a vácuo junto com os demais ingredientes. Cozinhe a vácuo por 40 minutos a 122 F.

Tilápia fácil

Preparação + tempo de cozedura: 1 hora e 10 minutos | Porções: 3

ingredientes

3 (4 onças) filés de tilápia
3 colheres de manteiga
1 colher de sopa de vinagre de maçã
Sal e pimenta preta a gosto

Indicações:

Faça um banho-maria, insira o Sous Vide e ajuste para 124 F. Tempere a tilápia com pimenta e sal e coloque em um saco lacrado a vácuo. Libere o ar pelo método de deslocamento de água e feche o saco. Mergulhe-o no banho-maria e ajuste o timer para 1 hora.

Assim que o cronômetro parar, remova e abra a bolsa. Leve uma frigideira ao fogo médio e adicione a manteiga e o vinagre. Deixe ferver e mexa constantemente para reduzir o vinagre pela metade. Adicione a tilápia e doure levemente. Tempere com sal e pimenta a gosto. Sirva com um lado de legumes na manteiga.

Salmão com Espargos

Preparação + tempo de cozedura: 3 horas 15 minutos | Porções: 6

Ingredientes:

1 kg de filé de salmão selvagem
1 colher de sopa de azeite
1 colher de sopa de orégano seco
12 talos médios de aspargos
4 rodelas de cebola branca
1 colher de sopa de salsa fresca
Sal e pimenta preta a gosto

Indicações:

Tempere o lombo com orégano, sal e pimenta dos dois lados e pincele levemente com azeite.

Coloque em um selador a vácuo grande junto com os outros ingredientes. Combine todas as especiarias em uma tigela. Esfregue a mistura uniformemente em ambos os lados do bife e coloque em um grande saco lacrado a vácuo. Feche o saco e cozinhe a vácuo por 3 horas a 136 F.

caril de cavala

Tempo de preparação + cozedura: 55 minutos | Porções: 3

Ingredientes:

3 filés de cavala, cabeças privadas
3 colheres de pasta de caril
1 colher de sopa de azeite
Sal e pimenta preta a gosto

Indicações:

Faça um banho-maria, insira o Sous Vide e ajuste para 120 F. Tempere a cavala com pimenta e sal e coloque em um saco lacrado a vácuo. Solte o ar com o método de deslocamento de água, feche-o e mergulhe-o no banho-maria e ajuste o cronômetro para 40 minutos.

Assim que o cronômetro parar, remova e abra a bolsa. Coloque uma frigideira em fogo médio, adicione o azeite. Cubra a cavala com o caril em pó (não seque a cavala)

Depois de aquecido, adicione a cavala e refogue até dourar. Sirva com um lado de vegetais de folhas verdes cozidos no vapor.

lula de alecrim

Preparação + tempo de cozedura: 1 hora e 15 minutos | Porções: 3

Ingredientes:

1 libra de lula fresca, inteira
½ xícara de azeite extra virgem
1 colher de sopa de sal rosa do Himalaia
1 colher de sopa de alecrim seco
3 dentes de alho, esmagados
3 tomates cereja cortados ao meio

Indicações:

Lave bem cada lula em água corrente. Usando uma faca afiada, remova as cabeças e limpe cada lula.

Em uma tigela grande, misture o azeite com o sal, o alecrim seco, o tomate cereja e o alho amassado. Mergulhe as lulas nesta mistura e leve à geladeira por 1 hora. Em seguida, retire e escorra. Coloque a lula e os tomates-cereja em um grande saco a vácuo que pode ser fechado novamente. Cozinhe en sous vide por uma hora a 136 F.

Camarão Frito Com Limão

Tempo de preparação + cozedura: 50 minutos | Porções: 3

Ingredientes:

1 quilo de camarão descascado e limpo

3 colheres de sopa de azeite

½ xícara de suco de limão espremido na hora

1 dente de alho, esmagado

1 colher de chá de alecrim fresco, esmagado

1 colher de chá de sal marinho

Indicações:

Junte o azeite com o sumo de limão, os alhos esmagados, o alecrim e o sal. Usando um pincel de cozinha, espalhe a mistura sobre cada camarão e coloque em um grande saco lacrado a vácuo. Cozinhe a vácuo por 40 minutos a 104 F.

polvo grelhado

Preparação + tempo de cozedura: 5 horas 20 minutos | Porções: 3

Ingredientes:

½ libra de tentáculos de polvo médio, escaldados
Sal e pimenta preta a gosto
3 colheres de chá + 3 colheres de sopa de azeite
2 colheres de chá de orégano seco
2 ramos de salsa fresca, picada
Gelo para um banho de gelo

Indicações:

Faça um banho-maria, insira o Sous Vide e ajuste para 171 F.

Coloque o polvo, sal, 3 colheres de chá de azeite e pimenta em um saco fechado a vácuo. Solte o ar pelo método de deslocamento de água, feche e mergulhe o saco em banho-maria. Defina o temporizador para 5 horas.

Assim que o cronômetro parar, remova o saco e cubra-o em um banho de gelo. Pôr de lado. Pré-aqueça uma grelha.

Quando a grelha estiver quente, transfira o polvo para um prato, adicione 3 colheres de sopa de azeite e frite. Grelhe o polvo a grelhar bem de cada lado. Sirva o polvo e decore com salsa e orégãos. Sirva com um molho doce e picante.

Bifes de Salmão Selvagem

Preparação + tempo de cozedura: 1 hora e 25 minutos | Porções: 4

Ingredientes:

2 quilos de bifes de salmão selvagem
3 dentes de alho, esmagados
1 colher de sopa de alecrim fresco, finamente picado
1 colher de sopa de suco de limão espremido na hora
1 colher de sopa de suco de laranja espremido na hora
1 colher de chá de raspas de laranja
1 colher de chá de sal rosa do Himalaia
1 xícara de caldo de peixe

Indicações:

Combine o suco de laranja com o suco de limão, alecrim, alho, raspas de laranja e sal. Pincele a mistura sobre cada bife e leve à geladeira por 20 minutos. Transfira para um saco grande que possa ser fechado a vácuo e adicione o caldo de peixe. Feche o saco e cozinhe a vácuo por 50 minutos a 131 F.

Pré-aqueça uma frigideira antiaderente grande. Retire os bifes do saco lacrado e grelhe por 3 minutos de cada lado, até ficarem levemente tostados.

ensopado de tilápia

Preparação + tempo de cozedura: 65 minutos | Porções: 3

Ingredientes:

1 kg de filé de tilápia

½ xícara de cebola, bem picada

1 xícara de cenoura, bem picada

½ xícara de folhas de coentro, bem picadas

3 dentes de alho, finamente picados

1 xícara de pimentão verde, finamente picado

1 colher de chá de mistura de temperos italianos

1 colher de chá de pimenta caiena

½ colher de chá de pimenta

1 xícara de suco de tomate fresco

Sal e pimenta preta a gosto

3 colheres de sopa de azeite

Indicações:

Aqueça o azeite em fogo médio. Adicione as cebolas picadas e frite até ficarem translúcidas.

Agora adicione o pimentão, cenoura, alho, coentro, tempero italiano, pimenta caiena, pimenta malagueta, sal e pimenta preta. Misture bem e cozinhe por mais dez minutos.

Retire do fogo e transfira para um saco grande que feche a vácuo junto com o suco de tomate e os filés de tilápia. Cozinhe a vácuo por 50 minutos a 122 F. Retire do banho-maria e sirva.

Amêijoas na manteiga com pimenta

Preparação + tempo de cozedura: 1 hora e 30 minutos | Porções: 2

Ingredientes:

4 onças de amêijoas enlatadas

¼ xícara de vinho branco seco

1 talo de aipo picado

1 pastinaca em cubos

1 chalota esquartejada

1 folha de louro

1 colher de sopa de pimenta preta

1 colher de sopa de azeite

8 colheres de sopa de manteiga, temperatura ambiente

1 colher de sopa de salsa fresca picada

2 dentes de alho, picados

sal a gosto

1 colher de chá de pimenta-do-reino moída na hora

¼ xícara de farinha de rosca panko

1 baguete, fatiada

Indicações:

Prepare um banho-maria e insira o Sous Vide. Ajuste para 154 F. Coloque as amêijoas, chalotas, aipo, pastinaga, vinho, pimenta, azeite e louro em um saco lacrado a vácuo. Libere o ar pelo método de deslocamento de água, feche e mergulhe o saco no banho-maria. Asse por 60 minutos.

Com um liquidificador, despeje a manteiga, a salsinha, o sal, o alho e a pimenta-do-reino moída. Misture em velocidade média até combinado. Coloque a mistura em um saco plástico e enrole. Coloque na geladeira e deixe esfriar.

Assim que o cronômetro parar, retire o caracol e os legumes. Elimine os sucos do cozimento. Aqueça uma frigideira em fogo alto. Passe as amêijoas pela manteiga, polvilhe com o pão ralado e leve ao lume durante 3 minutos até derreter. Sirva com fatias de baguete quentes.

truta coentro

Preparação + tempo de cozedura: 60 minutos | Porções: 4

Ingredientes:

2 libras de truta, 4 unid.
5 dentes de alho
1 colher de sopa de sal marinho
4 colheres de sopa de azeite
1 xícara de folhas de coentro, bem picadas
2 colheres de sopa de alecrim finamente picado
¼ xícara de suco de limão espremido na hora

Indicações:

Limpe e lave bem o peixe. Seque com papel de cozinha e esfregue com sal. Junte os alhos com o azeite, os coentros, o alecrim e o sumo de limão. Use a mistura para rechear cada peixe. Coloque em um saco selado a vácuo separado e sele. Cozinhe en Sous Vide por 45 minutos a 131 F.

anéis de lula

Preparação + tempo de cozedura: 1 hora e 25 minutos | Porções: 3

Ingredientes:

2 xícaras de anéis de lula
1 colher de sopa de alecrim fresco
Sal e pimenta preta a gosto
½ xícara de azeite

Indicações:

Combine os anéis de lula com o alecrim, sal, pimenta e azeite em um grande saco plástico limpo. Feche o saco e agite algumas vezes para cobrir bem. Transfira para um grande saco a vácuo que possa ser fechado novamente e sele. Cozinhe a vácuo por 1 hora e 10 minutos a 131 F. Retire do banho-maria e sirva.

Salada de Abacate e Camarão

Preparação + tempo de cozedura: 45 minutos | Porções: 4

Ingredientes:

1 cebola roxa picada

Suco de 2 limões

1 colher de chá de azeite

¼ colher de chá de sal marinho

⅛ colher de chá de pimenta branca

1 libra de camarão cru, descascado e descascado

1 tomate picado

1 abacate picado

1 malagueta verde, sem sementes e cortada em cubos

1 colher de sopa de coentros picados

Indicações:

Prepare um banho-maria e insira o Sous Vide. Defina para 148F.

Coloque o sumo de lima, a cebola roxa, o sal marinho, a pimenta branca, o azeite e os camarões num saco fechado a vácuo. Libere o ar pelo método de deslocamento de água, feche e mergulhe o saco no banho-maria. Cozinhe por 24 minutos.

Assim que o cronômetro parar, remova o saco e transfira-o para um banho de água gelada por 10 minutos. Em uma tigela, misture o tomate, o abacate, o pimentão verde e o coentro. Despeje sobre o conteúdo do saco.

Pargo na manteiga com molho cítrico de açafrão

Tempo de preparação + cozedura: 55 minutos | Porções: 4

ingredientes

4 pedaços de pargo limpo

2 colheres de sopa de manteiga

Sal e pimenta preta a gosto

<u>Para Molho Cítrico</u>

1 limão

1 toranja

1 lima

3 laranjas

1 colher de chá de mostarda Dijon

2 colheres de sopa de óleo de canola

1 cebola amarela

1 abobrinha em cubos

1 colher de chá de fios de açafrão

1 colher de chá de malagueta picada

1 colher de açúcar

3 xícaras de caldo de peixe

3 colheres de coentro picado

instruções

Prepare um banho-maria e insira o Sous Vide. Ajuste para 132 F. Tempere os filés de pargo com sal e pimenta e coloque em um saco lacrado a vácuo. Libere o ar pelo método de deslocamento de água, feche e mergulhe o saco no banho-maria. Cozinhe por 30 minutos.

Descasque a fruta e corte-a em cubos. Aqueça o azeite em uma panela em fogo médio e coloque a cebola e a abobrinha. Refogue por 2-3 minutos. Adicione a fruta, o açafrão, a pimenta, a mostarda e o açúcar. Cozinhe por mais 1 minuto. Junte o caldo de peixe e cozinhe por 10 minutos. Decore com coentro e reserve. Assim que o cronômetro parar, retire o peixe e transfira para uma travessa. Cubra com molho cítrico de açafrão e sirva.

Filé de bacalhau em crosta de gergelim

Preparação + tempo de cozedura: 45 minutos | Porções: 2

ingredientes

1 filé grande de bacalhau
2 colheres de sopa de pasta de gergelim
1 ½ colher de sopa de açúcar mascavo
2 colheres de sopa de molho de peixe
2 colheres de sopa de manteiga
sementes de Sesamo

instruções

Prepare um banho-maria e insira o Sous Vide. Defina como 131F.

Refogue o bacalhau com o açúcar mascavado, a pasta de sésamo e o molho de peixe. Coloque em um saco selável a vácuo. Libere o ar pelo método de deslocamento de água, feche e mergulhe o saco no banho-maria. Cozinhe por 30 minutos. Derreta a manteiga em uma frigideira em fogo médio.

Assim que o cronômetro parar, retire o bacalhau e transfira-o para a panela e refogue por 1 minuto. Sirva em uma travessa. Despeje o molho na panela e cozinhe até reduzir. Adicione 1 colher de sopa de manteiga e misture. Regue o bacalhau com o molho e decore com as sementes de sésamo. Sirva com arroz.

Salmão cremoso com molho de espinafre e mostarda

Tempo de preparação + cozedura: 55 minutos | Porções: 2

EUingredientes

4 filés de salmão sem pele

1 maço grande de espinafre

½ xícara de mostarda Dijon

1 xícara de creme

1 xícara meio creme e meio

1 colher de sopa de suco de limão

Sal e pimenta preta a gosto

instruções

Prepare um banho-maria e insira o Sous Vide. Defina a 115 F. Coloque o salmão temperado com sal em um saco lacrado a vácuo. Libere o ar pelo método de deslocamento de água, feche e mergulhe o saco no banho-maria. Cozinhe por 45 minutos.

Aqueça uma panela em fogo médio e cozinhe o espinafre até ficar macio. Abaixe o fogo e despeje o suco de limão, pimenta e sal. Continue cozinhando. Aqueça uma panela em fogo médio e misture metade do creme de leite e metade da mostarda Dijon. Abaixe o fogo e cozinhe. Tempere com sal e pimenta. Assim que o cronômetro parar, retire o salmão e transfira para uma travessa. Regue com o molho. Sirva com espinafre.

Vieiras de páprica com salada fresca

Tempo de preparação + cozedura: 55 minutos | Porções: 4

ingredientes

1 libra de vieiras
1 colher de chá de alho em pó
½ colher de chá de cebola em pó
½ colher de chá de páprica
¼ colher de chá de pimenta caiena
Sal e pimenta preta a gosto

salada

3 xícaras de milho
½ litro de tomate cereja cortado ao meio
1 pimenta vermelha em cubos
2 colheres de sopa de salsa fresca picada

Vestir-se

1 colher de sopa de manjericão fresco
1 limão esquartejado

instruções

Prepare um banho-maria e insira o Sous Vide. Defina para 122F.

Coloque as vieiras em um saco selável a vácuo. Tempere com sal e pimenta. Em uma tigela, misture o alho em pó, páprica, cebola em pó e pimenta caiena. Despeje. Libere o ar pelo método de deslocamento de água, feche e mergulhe o saco no banho-maria. Cozinhe por 30 minutos.

Enquanto isso, pré-aqueça o forno a 400 F. Em uma assadeira, coloque os grãos de milho e a pimenta. Regue com azeite e tempere com sal e pimenta. Cozinhe por 5-10 minutos. Transfira para uma tigela e misture com a salsinha. Em uma tigela, misture bem os ingredientes do molho e despeje sobre os grãos de milho.

Assim que o cronômetro parar, retire o saco e transfira-o para uma frigideira quente. Doure por 2 minutos de cada lado. Sirva as vieiras e a salada numa travessa. Decore com manjericão e rodela de limão.

Vieiras picantes com manga

Tempo de preparação + cozedura: 50 minutos | Porções: 4

ingredientes

1 libra de vieiras grandes

1 colher de sopa de manteiga

molho

1 colher de sopa de suco de limão

2 colheres de sopa de azeite

Lado

1 colher de sopa de raspas de lima

1 colher de sopa de raspas de laranja

1 xícara de manga em cubos

1 pimenta serrano em fatias finas

2 colheres de sopa de folhas de hortelã picadas

instruções

Coloque as vieiras em um saco selável a vácuo. Tempere com sal e pimenta. Deixe esfriar na geladeira durante a noite. Prepare um banho-maria e insira o Sous Vide. Defina para 122 F. Libere o ar usando o método de deslocamento de água, sele e mergulhe o saco no banho-maria. Asse por 15-35 minutos.

Aqueça uma frigideira em fogo médio. Em uma tigela, misture bem os ingredientes do molho. Assim que o cronômetro parar, retire as vieiras e transfira-as para a frigideira e refogue até dourar. Sirva em um prato. Regue com o molho e acrescente os ingredientes da guarnição.

Alho-poró e camarão com vinagrete de mostarda

Preparação + tempo de cozedura: 1 hora e 20 minutos | Porções: 4

EUingredientes

6 alhos-porós
5 colheres de sopa de azeite
Sal e pimenta preta a gosto
1 chalota, picada
1 colher de sopa de vinagre de arroz
1 colher de chá de mostarda Dijon
1/3 quilo de camarão cozido
Salsa fresca picada

instruções

Prepare um banho-maria e insira o Sous Vide. Defina como 183F.

Corte a parte de cima do alho-poró e retire a parte de baixo. Lave-os em água fria e regue com 1 colher de sopa de azeite. Tempere com sal e pimenta. Coloque em um saco selável a vácuo. Libere o ar pelo método de deslocamento de água, feche e mergulhe o saco no banho-maria. Cozinhe por 1 hora.

Enquanto isso, para o vinagrete, em uma tigela, misture as chalotas, a mostarda Dijon, o vinagre e 1/4 de xícara de azeite. Tempere com sal e pimenta. Assim que o cronômetro parar, remova o saco e transfira-o para um banho de água gelada. Deixar arrefecer. Disponha o alho francês em 4 pratos e tempere com sal. Junte os camarões e regue com o vinagrete. Decore com a salsa.

Sopa De Camarão No Coco

Tempo de preparação + cozedura: 55 minutos | Porções: 6

ingredientes

8 camarões grandes crus, descascados e eviscerados

1 colher de sopa de manteiga

Sal e pimenta preta a gosto

para a sopa

1 quilo de abobrinha

4 colheres de sopa de sumo de lima

2 cebolas amarelas, picadas

1-2 pimentões vermelhos pequenos, finamente picados

1 talo de capim-limão, somente a parte branca, picada

1 colher de chá de pasta de camarão

1 colher de chá de açúcar

1 xícara e meia de leite de coco

1 colher de chá de pasta de tamarindo

1 xícara de água

½ xícara de creme de coco

1 colher de sopa de molho de peixe

2 colheres de sopa de manjericão fresco picado

instruções

Prepare um banho-maria e insira o Sous Vide. Ajuste para 142 F. Coloque o camarão e a manteiga em um saco lacrado a vácuo. Tempere com sal e pimenta. Libere o ar pelo método de deslocamento de água, feche e mergulhe o saco no banho-maria. Asse por 15-35 minutos.

Enquanto isso, descasque a abobrinha e descarte as sementes. Corte em cubos. Em um processador de alimentos, adicione a cebola, capim-limão, pimenta vermelha, pasta de camarão, açúcar e 1/2 xícara de leite de coco. Bata até obter um purê.

Aqueça uma panela em fogo baixo e misture a mistura de cebola, leite de coco restante, pasta de tamarindo e água. Adicione as abobrinhas e cozinhe por 10 minutos.

Assim que o cronômetro parar, retire os camarões e transfira-os para a sopa. Bata o creme de coco, o suco de limão e o manjericão. Sirva em tigelas de sopa.

Mel de salmão com macarrão soba

Preparação + tempo de cozedura: 40 minutos | Porções: 4

ingredientes

Salmão

200 g de filés de salmão com pele

Sal e pimenta preta a gosto

1 colher de chá de óleo de gergelim

1 xícara de azeite

1 colher de sopa de gengibre fresco, ralado

2 colheres de mel

Sesame Soba

120 g de macarrão soba seco

1 colher de sopa de óleo de semente de uva

2 dentes de alho, picados

½ cabeça de couve-flor

3 colheres de tahine

1 colher de chá de óleo de gergelim

2 colheres de chá de azeite

¼ lima espremida

1 cebola verde fatiada

¼ xícara de coentro, picado grosseiramente

1 colher de chá de sementes de papoula torradas

Rodelas de lima para decorar
Sementes de gergelim para decorar
2 colheres de coentro picado

instruções

Prepare um banho-maria e insira o Sous Vide. Ajuste para 123 F. Tempere o salmão com sal e pimenta. Em uma tigela, misture o óleo de gergelim, o azeite, o gengibre e o mel. Coloque o salmão e a mistura em um saco lacrado a vácuo. Agite bem. Libere o ar pelo método de deslocamento de água, feche e mergulhe o saco no banho-maria. Cozinhe por 20 minutos.

Enquanto isso, prepare o macarrão soba. Aqueça o óleo de semente de uva em uma frigideira em fogo alto e refogue a couve-flor e o alho por 6-8 minutos. Em uma tigela, misture bem o tahine, o azeite, o óleo de gergelim, o suco de limão, o coentro, a cebolinha e o gergelim torrado. Escorra o macarrão e adicione-o à couve-flor.

Aqueça uma frigideira em fogo alto. Cubra com papel manteiga. Assim que o cronômetro parar, retire o salmão e transfira-o para a panela. Refogue por 1 minuto. Sirva o macarrão em duas tigelas e acrescente o salmão. Decore com rodelas de limão, sementes de papoula e coentro.

Lagosta gourmet com maionese

Preparação + tempo de cozedura: 40 minutos | Porções: 2

ingredientes

2 caudas de lagosta
1 colher de sopa de manteiga
2 cebolas doces, picadas
3 colheres de sopa de maionese
sal a gosto
Uma pitada de pimenta preta
2 colheres de chá de suco de limão

instruções

Prepare um banho-maria e insira o Sous Vide. Defina para 138F.

Aqueça a água em uma panela em fogo alto até ferver. Abra as cascas da cauda de lagosta e mergulhe-as na água. Cozinhe por 90 segundos. Transfira para um banho de água gelada. Deixe esfriar por 5 minutos. Quebre as cascas e retire as caudas.

Coloque as caudas com a manteiga em um saco lacrado a vácuo. Libere o ar pelo método de deslocamento de água, feche e mergulhe o saco no banho-maria. Cozinhe por 25 minutos.

Assim que o cronômetro parar, remova as pontas e seque. Sente-se de lado. Deixe esfriar por 30 minutos. Em uma tigela, misture a maionese, cebola doce, pimenta e suco de limão. Pique as caudas, adicione-as à mistura de maionese e misture bem. Sirva com croutons.

Coquetel De Camarão

Preparação + tempo de cozedura: 40 minutos | Porções: 2

ingredientes

1 quilo de camarão descascado e limpo

Sal e pimenta preta a gosto

4 colheres de sopa de endro fresco, picado

1 colher de sopa de manteiga

4 colheres de sopa de maionese

2 colheres de sopa de cebolinha verde, picada

2 colheres de chá de suco de limão espremido na hora

2 colheres de chá de extrato de tomate

1 colher de sopa de tabasco

4 pãezinhos oblongos

8 folhas de alface

½ limão, cortado em rodelas

instruções

Prepare um banho-maria e insira o Sous Vide. Ajuste para 149 F. Para o molho, misture bem a maionese, a cebolinha, o suco de limão, o purê de tomate e o molho Tabasco. Tempere com sal e pimenta.

Coloque o camarão e o molho em um saco lacrado a vácuo. Adicione 1 colher de sopa de endro e 1/2 colher de sopa de manteiga a cada pacote. Libere o ar pelo método de deslocamento de água, feche e mergulhe o saco no banho-maria. Cozinhe por 15 minutos.

Pré-aqueça o forno a 400 F. e asse os pãezinhos por 15 minutos. Assim que o cronômetro parar, remova o saco e escorra. Coloque os camarões em uma tigela com o molho e misture bem. Sirva sobre os wraps de alface com limão.

Salmão Limão com Ervas

Preparação + tempo de cozedura: 45 minutos | Porções: 2

ingredientes

2 filés de salmão sem pele
Sal e pimenta preta a gosto
¾ xícara de azeite extra virgem
1 chalota, cortada em anéis finos
1 colher de sopa de folhas de manjericão, levemente picadas
1 colher de chá de pimenta da Jamaica
3 onças de verduras mistas
1 limão

instruções

Prepare um banho-maria e insira o Sous Vide. Defina para 128F.

Coloque o salmão e tempere com sal e pimenta num saco fechado a vácuo. Adicione os anéis de chalota, azeite, pimenta da Jamaica e manjericão. Libere o ar pelo método de deslocamento de água, feche e mergulhe o saco no banho-maria. Cozinhe por 25 minutos.

Assim que o cronômetro parar, retire o saco e transfira o salmão para uma travessa. Misture o molho com um pouco de suco de limão e coloque os filés de salmão por cima. Servir.

Caudas de lagosta com manteiga

Preparação + tempo de cozedura: 1 hora e 10 minutos | Porções: 2

ingredientes

8 colheres de manteiga
2 caudas de lagosta, cascas removidas
2 ramos de estragão fresco
2 colheres de sopa de sálvia
sal a gosto
fatias de limão

instruções

Prepare um banho-maria e insira o Sous Vide. Defina para 134F.

Coloque as caudas de lagosta, manteiga, sal, sálvia e estragão em um saco lacrado a vácuo. Libere o ar pelo método de deslocamento de água, feche e mergulhe o saco no banho-maria. Asse por 60 minutos.

Assim que o cronômetro parar, retire o saco e transfira a lagosta para uma travessa. Polvilhe manteiga por cima. Decore com rodelas de limão.

Salmão tailandês com couve-flor e macarrão de ovo

Tempo de preparação + cozedura: 55 minutos | Porções: 2

ingredientes

2 filés de salmão com pele
Sal e pimenta preta a gosto
1 colher de sopa de azeite
4½ colheres de sopa de molho de soja
2 colheres de sopa de gengibre fresco picado
2 pimentas tailandesas em fatias finas
6 colheres de sopa de óleo de gergelim
4 onças de macarrão de ovo preparado
200 g de floretes de couve-flor cozida
5 colheres de chá de sementes de gergelim

instruções

Prepare um banho-maria e insira o Sous Vide. Ajuste para 149 F. Prepare uma assadeira forrada com papel alumínio e coloque o salmão, tempere com sal e pimenta e cubra com outra folha de papel alumínio. Asse no forno por 30 minutos.

Transfira o salmão assado para um saco lacrado a vácuo. Libere o ar pelo método de deslocamento de água, feche e mergulhe o saco no banho-maria. Cozinhe por 8 minutos.

Em uma tigela, misture o gengibre, as pimentas, 4 colheres de sopa de molho de soja e 4 colheres de sopa de óleo de gergelim. Assim que o cronômetro parar, remova o saco e transfira o salmão para uma tigela de macarrão. Decore com sementes torradas e pele de salmão. Regue com o Ginger Chilli Sauce e sirva.

Robalo light com endro

Preparação + tempo de cozedura: 35 minutos | Porções: 3

ingredientes

1 libra de robalo chileno, sem pele
1 colher de sopa de azeite
Sal e pimenta preta a gosto
1 colher de sopa de endro

instruções

Prepare um banho-maria e insira o Sous Vide. Ajuste para 134 F. Tempere o robalo com sal e pimenta e coloque em um saco lacrado a vácuo. Adicione o endro e o azeite. Libere o ar pelo método de deslocamento de água, feche e mergulhe o saco no banho-maria. Cozinhe por 30 minutos. Assim que o cronômetro parar, retire o saquinho e transfira o robalo para uma travessa.

Camarão Sweet Chili Frito

Preparação + tempo de cozedura: 40 minutos | Porções: 6

ingredientes

1 1/2 quilo de camarão
3 malaguetas vermelhas secas
1 colher de sopa de gengibre ralado
6 dentes de alho, esmagados
2 colheres de vinho champanhe
1 colher de sopa de molho de soja
2 colheres de chá de açúcar
½ colher de chá de amido de milho
3 cebolas verdes, picadas

instruções

Prepare um banho-maria e insira o Sous Vide. Defina para 135F.

Combine o gengibre, os dentes de alho, as pimentas, o champanhe, o açúcar, o molho de soja e o amido de milho. Coloque os camarões sem casca com a mistura em um saco fechado a vácuo. Libere o ar pelo método de deslocamento de água, sele e mergulhe no banho-maria. Cozinhe por 30 minutos.

Coloque as cebolas verdes em uma frigideira em fogo médio. Adicione o óleo e cozinhe por 20 segundos. Assim que o cronômetro parar, retire o camarão cozido e transfira para uma tigela. Decore com a cebola. Sirva com arroz.

Camarão Tailandês Frutado

Tempo de preparação + cozedura: 25 minutos | Porções: 4

ingredientes

2 quilos de camarão descascado e limpo

4 pedaços de mamão papaia descascado e picado

2 chalotas, cortadas

¾ xícara de tomate cereja, cortados ao meio

2 colheres de sopa de manjericão picado

¼ xícara de amendoim torrado seco

tempero tailandês

¼ xícara de suco de limão

6 colheres de açúcar

5 colheres de sopa de molho de peixe

4 dentes de alho

4 pimentões vermelhos pequenos

instruções

Prepare um banho-maria e insira o Sous Vide. Defina para 135 F. Coloque o camarão em um saco selável a vácuo. Libere o ar pelo método de deslocamento de água, feche e mergulhe o saco no banho-maria. Cozinhe por 15 minutos. Misture bem o suco de limão, o molho de peixe e o açúcar em uma tigela. Esmague o alho e os pimentões. Adicione à mistura de temperos.

Assim que o cronômetro parar, retire os camarões do saco e transfira-os para uma tigela. Adicione o mamão, o manjericão tailandês, a chalota, o tomate e o amendoim. Esmalte com o molho.

Camarão à moda de Dublin com limão

Preparação + tempo de cozedura: 1 hora e 15 minutos | Porções: 4

ingredientes

4 colheres de manteiga

2 colheres de sopa de suco de limão

2 dentes de alho frescos, picados

1 colher de chá de raspas de limão fresco

Sal e pimenta preta a gosto

1 libra de camarão jumbo, descascado e sem veias

½ xícara de farinha de rosca panko

1 colher de sopa de salsa fresca picada

instruções

Prepare um banho-maria e insira o Sous Vide. Defina para 135F.

Aqueça 3 colheres de sopa de manteiga em uma frigideira em fogo médio e adicione o suco de limão, sal, pimenta, alho e raspas. Deixe esfriar por 5 minutos. Coloque os camarões e a mistura em um saco lacrado a vácuo. Libere o ar pelo método de deslocamento de água, feche e mergulhe o saco no banho-maria. Cozinhe por 30 minutos.

Enquanto isso, aqueça a manteiga em uma frigideira em fogo médio e toste a farinha panko. Assim que o cronômetro parar, retire os camarões e transfira-os para uma panela quente em fogo alto e cozinhe com os sucos do cozimento. Sirva em 4 tigelas e decore com a farinha de rosca.

Vieiras suculentas com molho de alho-pimenta

Tempo de preparação + cozedura: 75 minutos | Porções: 2

ingredientes

2 colheres de sopa de caril amarelo em pó
1 colher de pasta de tomate
½ xícara de creme de coco
1 colher de chá de molho de alho picante
1 colher de sopa de suco de limão
6 vieiras
Arroz integral cozido, para servir
Coentro fresco, picado

instruções

Prepare um banho-maria e insira o Sous Vide. Defina para 134F.

Combine o creme de coco, pasta de tomate, curry em pó, suco de limão e molho de alho e pimenta. Coloque a mistura com as vieiras em um saco fechado a vácuo. Libere o ar pelo método de deslocamento de água, feche e mergulhe o saco no banho-maria. Asse por 60 minutos.

Assim que o cronômetro parar, retire o saco e transfira-o para um prato. Sirva o arroz integral e decore com as vieiras. Decore com o coentro.

Caril de camarão com macarrão

Tempo de preparação + cozedura: 25 minutos | Porções: 2

ingredientes

1 libra de camarão, caudas
8 onças de macarrão vermicelli, cozido e escorrido
1 colher de chá de vinho de arroz
1 colher de chá de caril em pó
1 colher de sopa de molho de soja
1 cebola verde, fatiada
2 colheres de óleo vegetal

instruções

Prepare um banho-maria e insira o Sous Vide. Defina para 149 F. Coloque o camarão em um saco selável a vácuo. Libere o ar pelo método de deslocamento de água, feche e mergulhe o saco no banho-maria. Cozinhe por 15 minutos.

Aqueça o azeite em uma panela em fogo médio e acrescente o vinho de arroz, o curry em pó e o molho de soja. Misture bem e adicione o tagliatelle. Assim que o cronômetro parar, retire os camarões e transfira-os para a mistura de macarrão. Decore com cebola verde.

Bacalhau cremoso salgado com salsa

Preparação + tempo de cozedura: 40 minutos | Porções: 6

ingredientes

Para Código

6 filetes de bacalhau

sal a gosto

1 colher de sopa de azeite

3 ramos de salsa fresca

para o molho

1 copo de vinho branco

1 xícara meio creme e meio

1 cebola branca bem picada

2 colheres de sopa de endro, picado

2 colheres de chá de pimenta preta

instruções

Prepare um banho-maria e insira o Sous Vide. Defina para 148F.

Colocar os condimentos com os filetes de bacalhau em sacos com fecho a vácuo. Adicione o azeite e a salsa. Libere o ar pelo método de deslocamento de água, feche e mergulhe o saco no banho-maria. Cozinhe por 30 minutos.

Aqueça uma panela em fogo médio, adicione o vinho, cebola, pimenta preta e cozinhe até reduzir. Misture meio creme e meio até engrossar. Assim que o cronômetro parar, coloque o peixe em um prato e regue com o molho.

French Pot de Rillettes com salmão

Preparação + tempo de cozedura: 2 horas e 30 minutos | Porções: 2

ingredientes

½ quilo de filés de salmão, sem pele
1 colher de chá de sal marinho
6 colheres de manteiga
1 cebola, picada
1 dente de alho, picado
1 colher de sopa de sumo de lima

instruções

Prepare um banho-maria e insira o Sous Vide. Ajuste para 130 F. Coloque o salmão, manteiga sem sal, sal marinho, dentes de alho, cebola e suco de limão em um saco lacrado a vácuo. Libere o ar pelo método de deslocamento de água, feche e mergulhe o saco no banho-maria. Cozinhe por 20 minutos.

Assim que o cronômetro parar, retire o salmão e transfira para 8 tigelas pequenas. Tempere com os sucos do cozimento. Deixe esfriar na geladeira por 2 horas. Sirva com fatias de pão torrado.

Salmão com purê de batata com coco

Preparação + tempo de cozedura: 1 hora e 30 minutos | Porções: 2

ingredientes

2 filés de salmão com pele
2 colheres de sopa de azeite
2 ramos de sálvia
4 dentes de alho
3 batatas descascadas e picadas
¼ xícara de leite de coco
1 maço de acelga arco-íris
1 colher de sopa de gengibre ralado
1 colher de sopa de molho de soja
Sal marinho a gosto

instruções

Prepare um banho-maria e insira o Sous Vide. Ajuste para 122 F. Coloque o salmão, a sálvia, o alho e o azeite em um saco lacrado a vácuo. Libere o ar pelo método de deslocamento de água, feche e mergulhe o saco no banho-maria. Cozinhe por 1 hora.

Aqueça o forno a 375 F. Pincele as batatas com óleo e asse por 45 minutos. Transfira as batatas para um liquidificador e acrescente o leite de coco. Tempere com sal e pimenta. Bata por 3 minutos, até ficar homogêneo.

Aqueça o azeite em uma panela em fogo médio e refogue o gengibre, a acelga e o molho de soja.

Assim que o cronômetro parar, retire o salmão e transfira-o para uma frigideira quente. Refogue por 2 minutos. Transfira para um prato, cubra com o purê de batata e decore com o carvão para servir.

Tigela de polvo com endro

Preparação + tempo de cozedura: 60 minutos | Porções: 4

ingredientes

1kg de polvo
1 colher de sopa de azeite
1 colher de sopa de suco de limão espremido na hora
Sal e pimenta preta a gosto
1 colher de sopa de endro

instruções

Prepare um banho-maria e insira o Sous Vide. Defina a 134 F. Coloque o polvo em um saco selável a vácuo. Libere o ar pelo método de deslocamento de água, feche e mergulhe o saco no banho-maria. Cozinhe por 50 minutos. Assim que o cronômetro parar, retire o polvo e seque-o. Misture o polvo com um fio de azeite e sumo de limão. Tempere com sal, pimenta e endro.

Salmão ao molho holandês

Preparação + tempo de cozedura: 1 hora e 50 minutos | Porções: 4

EUingredientes

4 filés de salmão

sal a gosto

Molho holandês

4 colheres de manteiga

1 gema de ovo

1 colher de chá de suco de limão

1 colher de chá de água

½ chalota em cubos

Uma pitada de páprica

instruções

Tempere o salmão com sal. Deixe esfriar por 30 minutos. Prepare um banho-maria e insira o Sous Vide. Defina para 148 F. Coloque todos os ingredientes do molho em um saco lacrado a vácuo. Libere o ar pelo método de deslocamento de água, feche e mergulhe o saco no banho-maria. Cozinhe por 45 minutos.

Assim que o cronômetro parar, remova o saco. Pôr de lado. Abaixe a temperatura Sous Vide para 120 F e coloque o salmão em um saco selável a vácuo. Libere o ar pelo método de deslocamento de água, feche e mergulhe o saco no banho-maria. Cozinhe por 30 minutos. Transfira o molho para um liquidificador e bata até ficar amarelo claro. Assim que o cronômetro parar, retire o salmão e seque. Sirva coberto com o molho.

Salmão limão com manjericão

Preparação + tempo de cozedura: 35 minutos | Porções: 4

ingredientes

2 quilos de salmão

2 colheres de sopa de azeite

1 colher de sopa de manjericão picado

Raspas de 1 limão

Suco de 1 limão

¼ colher de chá de alho em pó

Sal marinho e pimenta preta a gosto

instruções

Prepare um banho-maria e insira o Sous Vide. Defina para 115 F. Coloque o salmão em um saco selável a vácuo. Libere o ar pelo método de deslocamento de água, feche e mergulhe o saco no banho-maria. Cozinhe por 30 minutos.

Enquanto isso, em uma tigela, misture bem a pimenta, o sal, o manjericão, o suco de limão e o alho em pó até emulsionar. Assim que o cronômetro parar, retire o salmão e transfira para uma travessa. Reserve os sucos do cozimento. Aqueça o azeite em uma panela em fogo alto e refogue as rodelas de alho. Deixe o alho de lado. Coloque o salmão na panela e cozinhe por 3 minutos até dourar. Sirva e decore com as rodelas de alho.

Pedaços com salmão e espargos

Preparação + tempo de cozedura: 70 minutos | Porções: 6

ingredientes

6 ovos inteiros

¼ xícara de creme fraiche

¼ xícara de queijo de cabra

4 lanças de espargos

2 onças de salmão defumado

60 g de queijo chèvre

½ onça chalotas picadas

2 colheres de chá de endro fresco picado

Sal e pimenta preta a gosto

instruções

Prepare um banho-maria e insira o Sous Vide. Ajuste para 172 F. Bata os ovos, o creme de leite, o queijo de cabra e o sal. Corte os espargos em cubos e junte-os à mistura com a chalota. Fatie o salmão e adicione-o à tigela. Adicione endro. Combine bem.

Adicione a mistura de ovo de salmão a 6 frascos. Adicione 1/6 do chevre aos frascos, feche e mergulhe os frascos em banho-maria. Asse por 60 minutos. Assim que o cronômetro parar, retire os potes e adicione o sal.

Omelete de carne moída

Preparação + tempo de cozedura: 35 minutos | Porções: 3

Ingredientes:

1 xícara de carne moída magra
¼ xícara de cebola bem picada
¼ colher de chá de tomilho seco, moído
½ colher de chá de orégano seco, moído
Sal e pimenta preta a gosto
1 colher de sopa de azeite

Indicações:

Pré-aqueça o óleo em uma frigideira em fogo médio. Adicione as cebolas e refogue por cerca de 3-4 minutos ou até ficar translúcido. Adicione a carne moída e cozinhe por 5 minutos, mexendo de vez em quando. Polvilhe com sal, pimenta, tomilho e orégãos. Misture bem e cozinhe por mais um minuto. Retire do fogo e reserve.

Prepare um banho-maria e insira o Sous Vide. Ajuste para 170 F. Bata os ovos em uma tigela média e despeje em um saco fechado a vácuo. Adicione a mistura de carne moída. Libere o ar pelo método de deslocamento de água e feche o saco.

Mergulhe a bolsa no banho-maria e ajuste o cronômetro para 15 minutos. Usando uma luva, massageie a bolsa a cada 5 minutos para garantir um cozimento uniforme. Assim que o cronômetro terminar, retire o saco do banho-maria e transfira a omelete para um prato de servir.

Omelete Leve Vegetariano

Preparação + tempo de cozedura: 1 hora e 40 minutos | Porções: 5

ingredientes

1 colher de sopa de azeite

1 cebola média, picada

sal a gosto

4 dentes de alho picados

1 daikon, descascado e cortado em cubos

2 cenouras, descascadas e cortadas em cubinhos

1 pastinaga, descascada e cortada em cubos

1 xícara de abobrinha descascada e cortada em cubos

200 g de cogumelos ostra picados

¼ xícara de folhas de salsa fresca picada

Uma pitada de flocos de malagueta

5 ovos grandes

¼ xícara de leite integral

instruções

Prepare um banho-maria e insira o Sous Vide. Defina a 175 F. Unte alguns frascos com óleo. Pôr de lado.

Aqueça uma frigideira em fogo alto com óleo. Adicione o suor de cebola por 5 minutos. Adicione o alho e cozinhe por 30 segundos. Tempere com sal. Combine cenouras, daikon, abóbora e pastinaca. Tempere com sal e cozinhe por mais 10 minutos. Adicione os cogumelos e tempere com os flocos de pimenta e salsa. Cozinhe por 5 minutos.

Numa tigela bata os ovos com o leite e tempere com sal. Separe a mistura entre os frascos com legumes. Feche e mergulhe os frascos no banho-maria. Asse por 60 minutos. Assim que o cronômetro parar, remova os frascos. Deixe esfriar e sirva.

Sanduíche com abacate e ovo

Preparação + tempo de cozedura: 70 minutos | Porções: 4

Ingredientes:

8 fatias de pão
4 ovos
1 abacate
1 colher de chá de páprica
4 colheres de chá de molho holandês
1 colher de salsa picada
Sal e pimenta preta a gosto

Indicações:

Prepare um banho-maria e insira o Sous Vide. Ajuste para 145 F. Retire a polpa do abacate e amasse. Misture o molho e os temperos. Coloque os ovos em um saco lacrado a vácuo. Solte o ar pelo método de deslocamento de água, feche e mergulhe o saco em banho-maria. Defina o temporizador para 1 hora.

Depois de pronto, coloque imediatamente em um banho de gelo para esfriar. Descasque e corte os ovos. Barre metade das rodelas de ovo com o puré de abacate e cubra com as rodelas de ovo. Complete com as restantes fatias de pão.

Ovos cozidos

Tempo de preparação + cozedura: 75 minutos | Porções: 6

Ingredientes:

6 ovos
Suco de 1 limão
2 colheres de salsa picada
1 tomate, picado
2 colheres de sopa de azeitonas pretas picadas
1 colher de sopa de iogurte
1 colher de sopa de azeite
1 colher de chá de mostarda
1 colher de chá de pimenta em pó

Indicações:

Prepare um banho-maria e insira o Sous Vide. Defina a 170 F. Coloque os ovos em um saco selável a vácuo. Solte o ar pelo método de deslocamento de água, feche e mergulhe o saco em banho-maria. Defina o temporizador para 1 hora.

Depois de pronto, retire o saco e coloque em um banho de gelo para esfriar e descascar. Corte ao meio e recolha as gemas. Adicione os ingredientes restantes às gemas e mexa para misturar. Recheie os ovos com a mistura.

ovos cozidos

Preparação + tempo de cozedura: 1 hora e 10 minutos | Porções: 3

Ingredientes:

3 ovos grandes
Banho gelado

Indicações:

Faça um banho-maria, sele a vácuo e ajuste para 165 F. Coloque os ovos no banho-maria e ajuste o cronômetro para 1 hora.

Assim que o cronômetro parar, transfira os ovos para um banho de gelo. Descasque os ovos. Sirva como petisco ou numa salada.

Ovos em conserva

Preparação + tempo de cozedura: 2 horas 10 minutos | Porções: 6

Ingredientes:

6 ovos
1 colher de pimenta-do-reino
Suco de uma lata de beterraba
1 xícara de vinagre
½ colher de sopa de sal
2 dentes de alho
1 folha de louro
¼ xícara) de açúcar

Indicações:

Prepare um banho-maria e coloque a seladora a vácuo sobre ele. Defina a 170 F. Abaixe cuidadosamente os ovos na água e cozinhe por 1 hora. Usando uma escumadeira, transfira-os para uma tigela grande com água gelada e deixe esfriar por alguns minutos. Descasque e coloque em uma jarra de 1 litro com tampa articulada.

Em uma tigela pequena, misture os ingredientes restantes. Despeje sobre os ovos, feche e mergulhe no banho. Cozinhe por 1 hora.

Retire o frasco do banho-maria e deixe esfriar até a temperatura ambiente.

Ovos moles e pimenta

Preparação + tempo de cozedura: 60 minutos | Porções: 5

Ingredientes:

1 colher de sopa de pimenta em pó
5 ovos
Sal e pimenta preta a gosto

Indicações:

Prepare um banho-maria e coloque a seladora a vácuo sobre ele. Defina para 147 F. Coloque os ovos em um saco selável a vácuo. Solte o ar pelo método de deslocamento de água, sele e mergulhe na banheira. Cozinhe por 50 minutos.

Assim que o cronômetro parar, retire o saco e coloque-os em um banho de gelo para esfriar e descascar. Polvilhe os ovos com as especiarias e sirva.

ovos abençoados

Preparação + tempo de cozedura: 70 minutos | Porções: 4

Ingredientes:

4 ovos
3 onças de bacon fatiado
5 colheres de sopa de molho holandês
4 muffins de biscoito
Sal e pimenta preta a gosto

Indicações:

Prepare um banho-maria e insira o Sous Vide. Defina para 150 F. Coloque os ovos em um saco selável a vácuo. Libere o ar pelo método de deslocamento de água, feche e mergulhe o saco no banho-maria. Defina o temporizador para 1 hora.

Assim que o cronômetro parar, remova o saco e separe-o. Descasque os ovos e coloque-os sobre os muffins. Regue com salsa e polvilhe com sal e pimenta. Cubra com bacon.

Ovo mexido com endro e açafrão

Preparação + tempo de cozedura: 35 minutos | Porções: 8

Ingredientes:

8 ovos

1 colher de sopa de açafrão em pó

¼ xícara de endro

1 colher de chá de sal

Uma pitada de páprica

Indicações:

Prepare um banho-maria e insira o Sous Vide. Defina para 165 F. Bata os ovos na tigela junto com os ingredientes restantes. Transfira para um saco selável a vácuo. Solte o ar pelo método de deslocamento de água, feche e mergulhe o saco em banho-maria. Defina o temporizador para 15 minutos.

Quando o cronômetro parar, remova a bolsa e massageie bem para combinar. Cozinhe por mais 15 minutos. Retire o saco da água com cuidado. Servir quente.

ovos escalfados

Preparação + tempo de cozedura: 65 minutos | Porções: 4

Ingredientes:

4 xícaras de água
4 ovos de páprica
1 colher de sopa de maionese
Sal e pimenta preta a gosto

Indicações:

Prepare um banho-maria e coloque a seladora a vácuo sobre ele. Defina para 145 F. Coloque os ovos em um saco selável a vácuo. Solte o ar pelo método de deslocamento de água, sele e mergulhe o banho. Defina o temporizador para 55 minutos.

Assim que o cronômetro parar, remova o saco e transfira-o para um banho de gelo para esfriar e descascar. Enquanto isso, leve a água em uma panela para ferver. Deslize os ovos descascados para dentro e cozinhe por um minuto. Enquanto os ovos cozinham, bata os demais ingredientes. Polvilhe os ovos.

ovos em bacon

Preparação + tempo de cozedura: 7 horas 15 minutos | Porções: 4

Ingredientes:

4 ovos cozidos
1 colher de chá de manteiga
7 onças de bacon fatiado
1 colher de sopa de mostarda Dijon
4 onças mussarela, fatiada
Sal e pimenta preta a gosto

Indicações:

Prepare um banho-maria e insira o Sous Vide. Ajuste para 140 F. Esfregue o bacon com manteiga e pimenta. Coloque uma fatia de mussarela em cima de cada ovo e envolva os ovos junto com o queijo no bacon.

Pincele-os com mostarda e coloque-os em um saco lacrado a vácuo. Solte o ar pelo método de deslocamento de água, feche e mergulhe o saco em banho-maria. Defina o temporizador para 7 horas. Assim que o cronômetro parar, retire o saco e transfira-o para um prato. Servir quente.

Ovos De Tomate Cereja

Preparação + tempo de cozedura: 40 minutos | Porções: 6

Ingredientes:

10 ovos
1 xícara de tomate cereja, cortados ao meio
2 colheres de creme de leite
1 colher de cebolinha
½ xícara de leite
½ colher de chá de noz-moscada
1 colher de chá de manteiga
1 colher de chá de sal

Indicações:

Prepare um banho-maria e insira o Sous Vide. Defina para 170F.

Coloque os tomates cereja em um grande saco a vácuo que pode ser fechado novamente. Bata os ovos com os restantes ingredientes e deite sobre os tomates. Solte o ar pelo método de deslocamento de água, feche e mergulhe o saco em banho-maria. Defina o temporizador para 30 minutos. Feito isso, retire o saquinho e transfira para um prato.

mistura de pastrami

Tempo de preparação + cozedura: 25 minutos | Porções: 3

Ingredientes:

6 ovos
½ xícara de pastrami
2 colheres de creme
Sal e pimenta preta a gosto
2 colheres de sopa de manteiga, derretida
3 fatias de pão torrado

Indicações:

Prepare um banho-maria e insira o Sous Vide. Defina para 167 F. Bata a manteiga, os ovos, o creme e os temperos em um saco lacrado a vácuo. Solte o ar pelo método de deslocamento de água, feche e mergulhe o saco em banho-maria. Defina o temporizador para 15 minutos. Assim que o cronômetro parar, retire o saco e transfira os ovos para um prato. Sirva em cima do pão torrado.

Tomate Shakshuka

Preparação + tempo de cozedura: 2 horas 10 minutos | Porções: 3

Ingredientes:

28 onças tomates esmagados enlatados
6 ovos
1 colher de sopa de páprica
2 dentes de alho, picados
Sal e pimenta preta a gosto
2 colheres de chá de cominhos
¼ xícara de coentro picado

Indicações:

Prepare um banho-maria e insira o Sous Vide. Defina para 148 F. Coloque os ovos em um saco selável a vácuo. Solte o ar pelo método de deslocamento de água, feche e mergulhe o saco em banho-maria. Combine os ingredientes restantes em outro saco lacrado a vácuo. Defina o temporizador para 2 horas.

Divida o molho de tomate entre três tigelas. Assim que o cronômetro parar, remova o saco. Descasque os ovos e coloque 2 em cada tigela.

omelete de espinafre

Preparação + tempo de cozedura: 20 minutos | Porções: 2

Ingredientes:

4 ovos grandes, batidos
¼ xícara de iogurte grego
¾ xícara de espinafre fresco, finamente picado
1 colher de sopa de manteiga
¼ xícara de queijo cheddar, ralado
¼ colher de chá de sal

Indicações:

Prepare um banho-maria, sele a vácuo e coloque em 165 F. Bata os ovos em uma tigela média. Incorpore o iogurte, o sal e o queijo. Coloque a mistura em um saco fechado a vácuo e feche. Mergulhe o saco no banho-maria. Cozinhe por 10 minutos.

Derreta a manteiga em uma frigideira em fogo médio. Adicione o espinafre e cozinhe por 5 minutos. Pôr de lado. Assim que o cronômetro parar, retire o saco e transfira os ovos para um prato de servir. Decore com os espinafres e envolva a omelete.

Omelete de rúcula e presunto

Tempo de preparação + cozedura: 25 minutos | Porções: 2

Ingredientes:

4 fatias finas de presunto
5 ovos grandes
¼ xícara de rúcula fresca, finamente picada
¼ xícara de abacate fatiado
Sal e pimenta preta a gosto

Indicações:

Prepare um banho-maria, insira o Sous Vide e coloque a 167 F. Bata os ovos com a rúcula, sal e pimenta. Transfira para um saco selável a vácuo. Pressione para retirar o ar e depois feche a tampa. Cozinhe por 15 minutos. Assim que o cronômetro terminar, retire o saquinho, abra o lacre e transfira a omelete para uma travessa e decore com abacate fatiado e presunto.

Omelete de Cebola e Gengibre

Preparação + tempo de cozedura: 20 minutos | Porções: 2

Ingredientes:

8 ovos caipiras batidos

½ xícara de cebolinha

1 colher de chá de gengibre, ralado na hora

1 colher de sopa de azeite extra virgem

Sal e pimenta preta a gosto

Indicações:

Prepare um banho-maria, coloque o Sous Vide e ajuste para 165 F.

Em uma tigela média, bata os ovos, o gengibre, o sal e a pimenta. Transfira a mistura para um saco fechado a vácuo e feche. Mergulhe o saco no banho-maria. Cozinhe por 10 minutos.

Aqueça o óleo em uma panela em fogo médio. Cozinhe as cebolinhas por 2 minutos. Assim que o cronômetro parar, retire o saquinho, abra o lacre e transfira a omelete para uma travessa. Corte em fatias finas, decore com as cebolas e dobre a omelete para servir.

Pedaços De Frango De Cereja

Preparação + tempo de cozedura: 1 hora e 40 minutos | Porções: 3

Ingredientes:

1 quilo de peito de frango, sem osso e sem pele, cortado em pedaços pequenos
1 xícara de pimentão vermelho, cortado em pedaços
1 xícara de pimentão verde, cortado em pedaços
1 xícara de tomate cereja, inteiro
1 xícara de azeite
1 colher de chá de mistura de temperos italianos
1 colher de chá de pimenta caiena
½ colher de chá de orégano seco
Sal e pimenta preta a gosto

Indicações:

Passe a carne por água fria corrente e seque com papel de cozinha. Corte-os em pedaços pequenos e reserve. Lave os pimentões e corte-os em pedaços. Lave os tomates cereja e retire os talos verdes. Pôr de lado.

Em uma tigela, misture o azeite com o tempero italiano, pimenta caiena, sal e pimenta.

Misture até incorporar bem. Junte a carne e envolva bem com a marinada. Reserve por 30 minutos para permitir que os sabores se fundam e mergulhem na carne.

Coloque a carne junto com os legumes em um grande saco fechado a vácuo. Adicione três colheres de sopa de marinada e feche o saco. Cozinhe a vácuo por 1 hora a 149 F.

Torrada de Canela e Caqui

Preparação + tempo de cozedura: 4 horas 10 minutos | Porções: 6

Ingredientes:

4 fatias de pão torrado
4 caquis picados
3 colheres de açúcar
½ colher de chá de canela
2 colheres de sopa de suco de laranja
½ colher de chá de extrato de baunilha

Indicações:

Prepare um banho-maria e insira o Sous Vide. Defina para 155F.

Coloque os caquis em um saco lacrado a vácuo. Adicione o suco de laranja, o extrato de baunilha, o açúcar e a canela. Feche o saco e agite bem para cobrir os pedaços de caqui. Solte o ar pelo método de deslocamento de água, feche e mergulhe o saco em banho-maria, ajuste o cronômetro para 4 horas.

Assim que o cronômetro parar, retire o saco e transfira os caquis para um processador de alimentos. Bata até obter uma mistura homogênea. Espalhe a mistura de caqui no pão torrado.

Asas de frango com gengibre

Preparação + tempo de cozedura: 2 horas e 25 minutos | Porções: 4

Ingredientes:

2 quilos de asas de frango
¼ xícara de azeite extra virgem
4 dentes de alho
1 colher de sopa de folhas de alecrim bem picadas
1 colher de chá de pimenta branca
1 colher de chá de pimenta caiena
1 colher de sopa de tomilho fresco, finamente picado
1 colher de sopa de gengibre fresco, ralado
¼ xícara de suco de limão
½ xícara de vinagre de maçã

Indicações:

Lave as asas de frango em água corrente fria e escorra-as em uma peneira grande.

Em uma tigela grande, misture o azeite com o alho, alecrim, pimenta branca, pimenta caiena, tomilho, gengibre, suco de limão e vinagre de maçã. Mergulhe as asas nesta mistura e cubra. Leve à geladeira por uma hora.

Transfira as asas junto com a marinada para um grande saco lacrado a vácuo. Feche o saco e cozinhe a vácuo por 1 hora e 15 minutos a 149 F. Retire do saco de vácuo e doure antes de servir. Sirva e aproveite!

Rissóis De Carne

Preparação + tempo de cozedura: 1 hora 55 minutos | Porções: 4

Ingredientes:

1 quilo de carne moída magra

1 ovo

2 colheres de sopa de amêndoas finamente picadas

2 colheres de sopa de farinha de amêndoa

1 xícara de cebola, finamente picada

2 dentes de alho, esmagados

¼ xícara de azeite

Sal e pimenta preta a gosto

¼ xícara de folhas de salsa bem picadas

Indicações:

Numa tigela, junte a carne picada com a cebola picadinha, os alhos, o azeite, o sal, a pimenta, a salsa e as amêndoas. Misture bem com um garfo e acrescente a farinha de amêndoa aos poucos.

Bata um ovo e leve à geladeira por 40 minutos. Retire a carne da geladeira e molde delicadamente em rissóis de uma polegada de espessura, cerca de 4 polegadas de diâmetro. Coloque em dois sacos selados a vácuo separados e cozinhe a vácuo por uma hora a 129 F.

Couves Verdes Recheadas

Preparação + tempo de cozedura: 65 minutos | Porções: 3

Ingredientes:

1 libra de repolho, cozido no vapor
1 quilo de carne moída magra
1 cebola pequena, bem picada
1 colher de sopa de azeite
Sal e pimenta preta a gosto
1 colher de chá de hortelã fresca, finamente picada

Indicações:

Ferva uma panela grande de água e adicione os legumes. Cozinhe brevemente, por 2-3 minutos. Escorra e esprema delicadamente os legumes e reserve.

Em uma tigela grande, misture a carne moída, a cebola, o azeite, o sal, a pimenta e a hortelã. Misture bem até incorporar. Coloque as folhas na bancada, com as veias voltadas para cima. Use uma colher de sopa da mistura de carne e coloque-a no centro inferior de cada folha. Dobre as laterais e enrole bem. Dobre as laterais e transfira delicadamente para um grande saco selável a vácuo. Feche o saco e cozinhe a vácuo por 45 minutos a 167 F.

Salsicha italiana com ervas

Preparação + tempo de cozedura: 3 horas 15 minutos | Porções: 4

ingredientes

1 quilo de linguiça italiana
1 pimenta vermelha, fatiada
1 pimentão amarelo, fatiado
1 cebola, fatiada
1 dente de alho, picado
1 xícara de suco de tomate
1 colher de chá de orégano seco
1 colher de chá de manjericão seco
1 colher de chá de azeite
Sal e pimenta preta a gosto
4 fatias de pão

instruções

Prepare um banho-maria e insira o Sous Vide. Defina para 138F.

Coloque as linguiças em um saco selável a vácuo. Adicione o alho, manjericão, cebola, pimentão, suco de tomate e orégano a cada saco. Libere o ar pelo método de deslocamento de água, sele e mergulhe os sacos no banho-maria. Cozinhe por 3 horas.

Assim que o cronômetro parar, retire as linguiças e transfira-as para uma frigideira quente. Frite-os por 1 minuto de cada lado. Pôr de lado. Adicione os restantes ingredientes ao tacho, tempere com sal e pimenta. Cozinhe até que a água tenha evaporado. Sirva as linguiças e demais ingredientes entre o pão.

Alcachofras, Limão e Alho

Preparação + tempo de cozedura: 2 horas e 15 minutos | Porções: 5

Ingredientes:

3 alcachofras
Suco de 3 limões
1 colher de sopa de mostarda
5 dentes de alho, picados
1 colher de sopa de cebolinha verde picada
4 colheres de sopa de azeite

Indicações:

Prepare um banho-maria e insira o Sous Vide. Ajuste para 195 F. Lave e separe as alcachofras. Coloque em uma tigela de plástico. Adicione os ingredientes restantes e agite para cobrir bem. Coloque toda a mistura em um saco plástico. Feche e mergulhe o saco em banho-maria. Defina o temporizador para 2 horas.

Assim que o cronômetro parar, retire o saco e cozinhe na grelha por um minuto de cada lado.

Croquetes de gema panko

Preparação + tempo de cozedura: 60 minutos | Porções: 5

Ingredientes:

2 ovos mais 5 gemas
1 xícara de farinha de rosca panko
3 colheres de sopa de azeite
5 colheres de farinha
¼ colher de chá de tempero italiano
½ colher de chá de sal
¼ colher de chá de páprica

Indicações:

Prepare um banho-maria e insira o Sous Vide. Ajuste para 150 F. Coloque a gema na água (sem saco ou xícara) e cozinhe por 45 minutos, virando na metade. Deixe esfriar um pouco. Bata os ovos junto com os demais ingredientes, exceto o óleo. Mergulhe as gemas na mistura panko-ovo.

Aqueça o óleo em uma panela. Frite as gemas por alguns minutos de cada lado, até dourar.

Chili Homus

Preparação + tempo de cozedura: 4 horas 15 minutos | Porções: 9)

Ingredientes:

16 onças de grão-de-bico, embebido durante a noite e escorrido
2 dentes de alho, picados
1 colher de chá de sriracha
¼ colher de chá de pimenta em pó
½ colher de chá de flocos de malagueta
½ xícara de azeite
1 colher de sopa de sal
6 xícaras de água

Indicações:

Prepare um banho-maria e insira o Sous Vide. Ajuste para 195 F. Coloque o grão de bico e a água em um saco plástico. Solte o ar pelo método de deslocamento de água, feche e mergulhe o saco em banho-maria, ajuste o cronômetro para 4 horas.

Assim que o cronômetro parar, retire o saco, escorra a água e transfira o grão de bico para um processador de alimentos. Adicione os outros ingredientes. Bata até obter uma mistura homogênea.

palitos de mostarda

Preparação + tempo de cozedura: 1 hora | Porções: 5

Ingredientes:

2 quilos de coxas de frango
¼ xícara de mostarda Dijon
2 dentes de alho, esmagados
2 colheres de sopa de aminos de coco
1 colher de chá de sal rosa do Himalaia
½ colher de chá de pimenta preta

Indicações:

Lave os pauzinhos em água corrente fria. Escorra-os em uma peneira grande e reserve.

Em uma tigela pequena, misture Dijon com alho esmagado, coco aminos, sal e pimenta. Espalhe a mistura sobre a carne com um pincel de cozinha e coloque em um saco grande a vácuo que possa ser fechado novamente. Feche o saco e cozinhe a vácuo por 45 minutos a 167 F.

Rolinhos de berinjela com pistache

Preparação + tempo de cozedura: 8 horas 10 minutos | Porções: 8

Ingredientes:

3 berinjelas, fatiadas
¼ xícara de pistache triturado
1 colher de missô
1 colher de sopa de mirina
2 colheres de chá de azeite
1 colher de chá de cebolinha
Sal e pimenta preta a gosto

Indicações:

Prepare um banho-maria e insira o Sous Vide. Defina para 185F.

Misture o óleo, o mirin, a cebolinha, o missô e a pimenta. Pincele as fatias de beringela com esta mistura. Coloque em um saco lacrado a vácuo de camada única e cubra com os pistaches. Repita o processo até usar todos os ingredientes. Solte o ar pelo método de deslocamento de água, feche e mergulhe o saco em banho-maria. Defina o temporizador para 8 horas. Assim que o cronômetro parar, remova o saco e a placa.

Molho De Ervilha

Preparação + tempo de cozedura: 45 minutos | Porções: 8

Ingredientes:

2 xícaras de ervilha

3 colheres de creme

1 colher de sopa de estragão

1 dente de alho

1 colher de chá de azeite

Sal e pimenta preta a gosto

¼ xícara de maçã em cubos

Indicações:

Prepare um banho-maria e insira o Sous Vide. Defina a 185 F. Coloque todos os ingredientes em um saco selável a vácuo. Solte o ar pelo método de deslocamento de água, feche e mergulhe o saco em banho-maria. Defina o temporizador para 32 minutos. Assim que o cronômetro parar, retire o saco e bata com um mixer até ficar homogêneo.

batatas fritas

Tempo de preparo + cozimento: 45 | Porções: 6

Ingredientes:

3 quilos de batatas cortadas em rodelas

5 xícaras de água

Sal e pimenta preta a gosto

¼ colher de chá de bicarbonato de sódio

Indicações:

Prepare um banho-maria e insira o Sous Vide. Defina para 195F.

Coloque as fatias de batata, água, sal e bicarbonato de sódio em um saco lacrado a vácuo. Solte o ar pelo método de deslocamento de água, feche e mergulhe o saco em banho-maria. Defina o temporizador para 25 minutos.

Enquanto isso, aqueça o óleo em uma panela em fogo médio. Quando o cronômetro parar, remova as fatias de batata da salmoura e seque-as. Refogue no óleo por alguns minutos, até dourar.

Salada de peru com pepino

Preparação + tempo de cozedura: 2 horas 20 minutos | Porções: 3

Ingredientes:

1 libra de peito de peru, fatiado
½ xícara de caldo de galinha
2 dentes de alho, picados
2 colheres de sopa de azeite
1 colher de chá de sal
¼ colher de chá de pimenta caiena
2 folhas de louro
1 tomate de tamanho médio, picado
1 pimentão vermelho grande, picado
1 pepino de tamanho médio
½ colher de chá de tempero italiano

Indicações:

Tempere o peru com sal e pimenta caiena. Colocar num recipiente fechado a vácuo juntamente com o caldo de galinha, os alhos e o louro. Feche o saco e cozinhe em Sous Vide por 2 horas a 167 F. Retire e reserve. Coloque os legumes em uma tigela grande e adicione o peru. Misture com tempero italiano e azeite. Mexa bem para misturar e sirva imediatamente.

bolas de gengibre

Preparação + tempo de cozedura: 1 hora e 30 minutos | Porções: 3

Ingredientes:

1 quilo de carne moída
1 xícara de cebola, finamente picada
3 colheres de sopa de azeite
¼ xícara de coentro fresco, finamente picado
¼ xícara de hortelã fresca, finamente picada
2 colheres de chá de pasta de gengibre
1 colher de chá de pimenta caiena
2 colheres de chá de sal

Indicações:

Em uma tigela grande, misture a carne moída, cebola, azeite, coentro, hortelã, coentro, pasta de gengibre, pimenta caiena e sal. Molde os hambúrgueres e leve à geladeira por 15 minutos. Retire da geladeira e transfira para sacos a vácuo separados. Cozinhe em Sous Vide por 1 hora a 154 F.

Bolinhas De Bacalhau

Preparação + tempo de cozedura: 105 minutos | Porções: 5

Ingredientes:

12 onças de bacalhau
2 onças de pão
1 colher de sopa de manteiga
¼ xícara de farinha
1 colher de semolina
2 colheres de sopa de água
1 colher de sopa de alho picado
Sal e pimenta preta a gosto
¼ colher de chá de páprica

Indicações:

Prepare um banho-maria e insira o Sous Vide. Defina para 125F.

Combine o pão e a água e amasse a mistura. Adicione os outros ingredientes e misture bem para misturar. Faça bolinhas com a mistura.

Pulverize uma frigideira com spray de cozinha e cozinhe as bolinhas em fogo médio por cerca de 15 segundos de cada lado, até tostar levemente. Coloque os pedaços de bacalhau em um saco lacrado a vácuo. Solte o ar pelo método de deslocamento de água, feche e mergulhe o saco em banho-maria. Defina o temporizador para 1 hora e 30 minutos. Assim que o cronômetro parar, retire o saco e distribua os pedaços de bacalhau em um prato. Servir.

Cenouras Glaceadas

Preparação + tempo de cozedura: 3 horas 10 minutos | Porções: 4

Ingredientes:

1 xícara de cenoura baby
4 colheres de açúcar mascavo
1 xícara de chalotas picadas
1 colher de sopa de manteiga
Sal e pimenta preta a gosto
1 colher de sopa de endro

Indicações:

Prepare um banho-maria e coloque a seladora a vácuo sobre ele. Defina a 165 F. Coloque todos os ingredientes em um saco selável a vácuo. Agite para cobrir. Solte o ar pelo método de deslocamento de água, feche e mergulhe em banho-maria, ajuste o cronômetro para 3 horas. Assim que o cronômetro parar, remova o saco. Servir quente.

Asas De Frango Quentes

Preparação + tempo de cozedura: 4 horas 15 minutos | Porções: 4

Ingredientes:

2 quilos de asas de frango
½ tablete de manteiga, derretida
¼ xícara de molho vermelho picante
½ colher de chá de sal

Indicações:

Prepare um banho-maria e coloque a seladora a vácuo sobre ele. Ajuste para 170 F. Tempere o frango com sal e coloque em 2 sacos seláveis a vácuo. Solte o ar pelo método de deslocamento de água, sele e mergulhe na banheira. Cozinhe por 4 horas. Feito isso, retire os saquinhos. Bata o molho e a manteiga. Misture as asas com o composto.

Muffins de bacon e cebola

Preparação + tempo de cozedura: 3 horas 45 minutos | Porções: 5

Ingredientes:

1 cebola, picada
6 onças de bacon, picado
1 xícara de farinha
4 colheres de sopa de manteiga, derretida
1 ovo
1 colher de chá de bicarbonato de sódio
1 colher de vinagre
¼ colher de chá de sal

Indicações:

Prepare um banho-maria e insira o Sous Vide. Defina para 196F.

Enquanto isso, em uma frigideira em fogo médio, cozinhe o bacon até ficar crocante. Transfira para uma tigela e adicione a cebola à gordura do bacon e cozinhe por alguns minutos, até ficar macio.

Transfira para uma tigela e incorpore os demais ingredientes. Divida a massa do muffin entre 5 potes pequenos. Certifique-se de não encher mais da metade. Coloque os frascos em banho-maria e ajuste o cronômetro para 3 horas e 30 minutos. Assim que o cronômetro parar, retire os potes e sirva.

Mexilhões em vinho branco

Preparação + tempo de cozedura: 1 hora e 20 minutos | Porções: 3

Ingredientes:

1 libra de mexilhões frescos
3 colheres de sopa de azeite extra virgem
1 xícara de cebola, finamente picada
¼ xícara de salsa fresca, finamente picada
3 colheres de sopa de tomilho fresco, picado
1 colher de sopa de raspas de limão
1 cálice de vinho branco seco

Indicações:

Em uma frigideira de tamanho médio, aqueça o óleo. Adicione as cebolas e refogue até ficarem translúcidas. Adicione as raspas de limão, salsa e tomilho. Misture bem e transfira para um saco selável a vácuo. Adicione os mexilhões e um copo de vinho branco seco. Feche o saco e cozinhe em Sous Vide por 40 minutos a 104 F.

milho tamari na espiga

Preparação + tempo de cozedura: 3 horas 15 minutos | Porções: 8

Ingredientes:

1 libra de espiga de milho
1 colher de sopa de manteiga
¼ xícara de molho tamari
2 colheres de sopa de pasta de missô
1 colher de chá de sal

Indicações:

Prepare um banho-maria e insira o Sous Vide. Defina para 185F.

Misture o tamari, a manteiga, o missô e o sal. Coloque a espiga de milho em um saco plástico e despeje a mistura por cima. Agite para cobrir. Solte o ar pelo método de deslocamento de água, feche e mergulhe o saco em banho-maria, ajuste o cronômetro para 3 horas. Assim que o cronômetro parar, remova o saco. Servir quente.

vieiras com bacon

Tempo de preparação + cozedura: 50 minutos | Porções: 6

Ingredientes:

10 onças de vieiras
3 onças de bacon fatiado
½ cebola ralada
½ colher de chá de pimenta branca
1 colher de sopa de azeite

Indicações:

Prepare um banho-maria e insira o Sous Vide. Defina para 140F.

Cubra as vieiras com a cebola ralada e envolva-as com as fatias de bacon. Polvilhe com pimenta branca e um fio de azeite. Coloque-o em um saco plástico. Solte o ar com o método de deslocamento de água, feche e mergulhe o saco em banho-maria, ajuste o cronômetro para 35 minutos. Assim que o cronômetro parar, remova o saco. Servir.

aperitivo de camarão

Tempo de preparação + cozedura: 75 minutos | Porções: 8

Ingredientes:

1 quilo de camarão
3 colheres de óleo de gergelim
3 colheres de sopa de suco de limão
½ xícara de salsa
Sal e pimenta branca a gosto

Indicações:

Prepare um banho-maria e insira o Sous Vide. Defina para 140F.

Coloque todos os ingredientes em um saco selável a vácuo. Agite para cobrir bem o camarão. Solte o ar pelo método de deslocamento de água, feche e mergulhe o saco em banho-maria, ajuste o cronômetro para 1 hora. Assim que o cronômetro parar, remova o saco. Servir quente.

Creme De Fígado De Frango

Preparação + tempo de cozedura: 5 horas 15 minutos | Porções: 8

Ingredientes:

1 libra de fígado de galinha
6 ovos
8 onças de bacon, picado
2 colheres de sopa de molho de soja
3 onças chalotas, picadas
3 colheres de vinagre
Sal e pimenta preta a gosto
4 colheres de manteiga
½ colher de chá de páprica

Indicações:

Prepare um banho-maria e insira o Sous Vide. Defina para 156F.

Refogue o bacon em uma panela em fogo médio, acrescente as chalotas e refogue por 3 minutos. Junte o molho de soja e o vinagre. Transfira para um liquidificador junto com os demais ingredientes. Bata até obter uma mistura homogênea. Coloque todos os ingredientes em um pote de vidro e feche. Cozinhe por 5 horas. Assim que o cronômetro parar, retire a jarra e sirva.

Legumes de Abóbora com Gengibre

Preparação + tempo de cozedura: 70 minutos | Porções: 8

Ingredientes:

14 onças de abóbora

1 colher de sopa de gengibre ralado

1 colher de chá de manteiga, derretida

1 colher de chá de suco de limão

Sal e pimenta preta a gosto

¼ colher de chá de açafrão

Indicações:

Prepare um banho-maria e insira o Sous Vide. Defina para 185F.

Descasque e corte a abóbora em rodelas. Coloque todos os ingredientes em um saco selável a vácuo. Agite para cobrir bem. Solte o ar pelo método de deslocamento de água, feche e mergulhe o saco em banho-maria. Defina o temporizador para 55 minutos. Assim que o cronômetro parar, remova o saco. Servir quente.

cauda de lagosta

Tempo de preparação + cozedura: 50 minutos | Porções: 6

Ingredientes:

1 libra caudas de lagosta, descascadas
½ limão
½ colher de chá de alho em pó
¼ colher de chá de cebola em pó
1 colher de alecrim
1 colher de chá de azeite

Indicações:

Prepare um banho-maria e insira o Sous Vide. Defina para 140F.

Tempere a lagosta com alho e cebola em pó. Coloque em um saco selável a vácuo. Adicione o restante dos ingredientes e agite para cobrir. Solte o ar pelo método de deslocamento de água, feche e mergulhe o saco em banho-maria, ajuste o cronômetro para 40 minutos. Assim que o cronômetro parar, remova o saco. Servir quente.

churrasco de tofu

Preparação + tempo de cozedura: 2 horas e 15 minutos | Porções: 8

Ingredientes:

15 onças de tofu
3 colheres de sopa de molho barbecue
2 colheres de sopa de tamari
1 colher de chá de cebola em pó
1 colher de chá de sal

Indicações:

Prepare um banho-maria e insira o Sous Vide. Defina para 180F.

Corte o tofu em cubos. Coloque-o em um saco plástico. Solte o ar pelo método de deslocamento de água, feche e mergulhe o saco em banho-maria, ajuste o cronômetro para 2 horas.

Quando o cronômetro parar, remova o saco e transfira-o para uma tigela. Adicione os outros ingredientes e mexa para misturar.

Saborosa rabanada

Preparação + tempo de cozedura: 100 minutos | Porções: 2

Ingredientes:

2 ovos
4 fatias de pão
½ xícara de leite
½ colher de chá de canela
1 colher de sopa de manteiga, derretida

Indicações:

Prepare um banho-maria e insira o Sous Vide. Defina para 150F.

Bata os ovos, o leite, a manteiga e a canela. Coloque as fatias de pão em um saco fechado a vácuo e despeje a mistura de ovos sobre elas. Agite para cobrir bem. Solte o ar pelo método de deslocamento de água, feche e mergulhe o saco em banho-maria, ajuste o cronômetro para 1 hora e 25 minutos. Assim que o cronômetro parar, remova o saco. Servir quente.

Pato doce e picante

Preparação + tempo de cozedura: 70 minutos | Porções: 4

Ingredientes:

1 quilo de peito de pato
1 colher de chá de tomilho
1 colher de chá de orégano
2 colheres de mel
½ colher de chá de pimenta em pó
½ colher de chá de páprica
1 colher de chá de sal de alho
1 colher de sopa de óleo de gergelim

Indicações:

Prepare um banho-maria e insira o Sous Vide. Defina para 158F.

Misture o mel, o óleo, as especiarias e as ervas. Pincele o pato com a mistura e coloque-o num saco fechado a vácuo. Solte o ar pelo método de deslocamento de água, feche e mergulhe o saco em banho-maria, ajuste o cronômetro para 60 minutos.

Assim que o cronômetro parar, retire o saco e fatie o peito de pato. Servir quente.

almôndegas de peru

Preparação + tempo de cozedura: 2 horas 10 minutos | Porções: 4

Ingredientes:

12 onças de peru moído
2 colheres de chá de molho de tomate
1 ovo
1 colher de chá de coentro
1 colher de sopa de manteiga
Sal e pimenta preta a gosto
1 colher de farinha de rosca
½ colher de chá de tomilho

Indicações:

Prepare um banho-maria e insira o Sous Vide. Defina para 142F.

Misture todos os ingredientes em uma tigela. Forme a mistura em rissóis. Coloque em um saco selável a vácuo. Solte o ar pelo método de deslocamento de água, feche e mergulhe o saco em banho-maria, ajuste o cronômetro para 2 horas. Assim que o cronômetro parar, remova o saco. Servir quente.

Sobrecoxa Doce com Tomate Seco

Tempo de preparação + cozedura: 75 minutos | Porções: 7)

Ingredientes:

2 quilos de coxas de frango

3 onças de tomates secos ao sol, picados

1 cebola amarela, picada

1 colher de chá de alecrim

1 colher de açúcar

2 colheres de sopa de azeite

1 ovo, batido

Indicações:

Prepare um banho-maria e insira o Sous Vide. Defina para 149F.

Combine todos os ingredientes em um saco lacrado a vácuo e agite para cobrir bem. Solte o ar pelo método de deslocamento de água, feche e mergulhe o saco em banho-maria, ajuste o cronômetro para 63 minutos. Assim que o cronômetro parar, retire o saquinho e sirva como desejar.

frango adobo

Preparação + tempo de cozedura: 4 horas 25 minutos | Porções: 6

Ingredientes:

2 quilos de coxas de frango
3 colheres de pimenta-do-reino
1 xícara de caldo de galinha
½ xícara de molho de soja
2 colheres de vinagre
1 colher de sopa de alho em pó

Indicações:

Prepare um banho-maria e insira o Sous Vide. Defina para 155F.

Coloque o frango, o molho de soja e o alho em pó em um saco lacrado a vácuo. Solte o ar pelo método de deslocamento de água, feche e mergulhe o saco em banho-maria, ajuste o cronômetro para 4 horas. Assim que o cronômetro parar, retire o saco e coloque-o em uma panela. Adicione os outros ingredientes. Cozinhe por mais 15 minutos.

Chouriço Frutado "Eat-me"

Tempo de preparação + cozedura: 75 minutos | Porções: 4

ingredientes

2½ xícaras de uvas brancas sem sementes, hastes removidas
1 colher de sopa de alecrim fresco picado
2 colheres de sopa de manteiga
4 salsichas de chouriço
2 colheres de vinagre balsâmico
Sal e pimenta preta a gosto

instruções

Prepare um banho-maria e insira o Sous Vide. Defina a 165 F. Coloque a manteiga, as uvas brancas, o alecrim e o chouriço em um saco lacrado a vácuo. Agite bem. Libere o ar pelo método de deslocamento de água, feche e mergulhe o saco no banho-maria. Asse por 60 minutos.

Assim que o cronômetro parar, transfira a mistura de chouriço para uma travessa. Despeje o líquido do cozimento em uma caçarola quente junto com as uvas e o vinagre balsâmico. Mexa por 3 minutos. Topo de chouriço com molho de uva.

Frango e Cogumelos ao Molho Marsala

Preparação + tempo de cozedura: 2 horas e 25 minutos | Porções: 2

Ingredientes:

2 peitos de frango, sem osso e sem pele
1 xícara de marsala
1 xícara de caldo de galinha
14 onças de cogumelos, fatiados
½ colher de farinha
1 colher de sopa de manteiga
Sal e pimenta preta a gosto
2 dentes de alho, picados
1 chalota, picada

Indicações:

Prepare um banho-maria e insira o Sous Vide. Ajuste para 140 F. Tempere o frango com sal e pimenta e coloque em um saco de vácuo junto com os cogumelos. Solte o ar pelo método de deslocamento de água, sele e mergulhe em banho-maria. Cozinhe por 2 horas.

Assim que o cronômetro parar, remova o saco. Derreta a manteiga em uma panela em fogo médio, misture a farinha e os demais ingredientes. Cozinhe até o molho engrossar. Adicione o frango e cozinhe por 1 minuto.

Damascos de baunilha com uísque

Preparação + tempo de cozedura: 45 minutos | Porções: 4

ingredientes

2 damascos sem caroço e cortados em quartos
½ xícara de uísque de centeio
½ xícara de açúcar ultrafino
1 colher de chá de extrato de baunilha
sal a gosto

instruções

Prepare um banho-maria e coloque a seladora a vácuo sobre ele. Defina para 182 F. Coloque todos os ingredientes em um saco lacrado a vácuo. Solte o ar pelo método de deslocamento de água, sele e mergulhe em banho-maria. Cozinhe por 30 minutos. Assim que o cronômetro parar, remova o saco e transfira-o para um banho de gelo.

Homus temperado fácil

Preparação + tempo de cozedura: 3 horas 35 minutos | Porções: 6

ingredientes

1 1/2 xícaras de grão-de-bico seco, embebido durante a noite

2 litros de água

¼ xícara de suco de limão

¼ xícara de pasta de tahine

2 dentes de alho, picados

2 colheres de sopa de azeite

½ colher de chá de sementes de cominho

½ colher de chá de sal

1 colher de chá de pimenta caiena

instruções

Prepare um banho-maria e insira o Sous Vide. Defina para 196F.

Coe o grão-de-bico e coloque-o num saco fechado a vácuo com 1 litro de água. Libere o ar pelo método de deslocamento de água, feche e mergulhe o saco no banho-maria. Cozinhe por 3 horas. Assim que o cronômetro parar, remova o saco e transfira-o para um banho de água gelada e deixe esfriar.

No liquidificador, bata o suco de limão e a pasta de tahine por 90 segundos. Adicione o alho, o azeite, as sementes de cominho e o sal, misture por 30 segundos até ficar homogêneo. Retire o grão-de-bico e escorra-os. Para um hummus mais suave, descasque o grão-de-bico.

Em um processador de alimentos, misture metade do grão de bico com a mistura de tahine e bata por 90 segundos. Adicione o grão de bico restante e misture até ficar homogêneo. Coloque a mistura em um prato e decore com pimenta caiena e o grão de bico reservado.

Pauzinhos de Limão Kaffir

Preparação + tempo de cozedura: 80 minutos | Porções: 7)

Ingredientes:

16 onças de coxas de frango

2 colheres de sopa de folhas de coentro

1 colher de chá de hortelã seca

1 colher de chá de tomilho

Sal e pimenta branca a gosto

1 colher de sopa de azeite

1 colher de sopa de folhas de limão Kaffir picadas

Indicações:

Prepare um banho-maria e insira o Sous Vide. Defina para 153 F. Coloque todos os ingredientes em um saco lacrado a vácuo. Esfregue para cobrir bem o frango. Solte o ar pelo método de deslocamento de água, feche e mergulhe o saco em banho-maria. Defina o temporizador para 70 minutos. Feito isso, retire o saquinho. Servir quente.

Purê de batata ao leite com alecrim

Preparação + tempo de cozedura: 1 hora e 45 minutos | Porções: 4

ingredientes

2 quilos de batatas vermelhas
5 dentes de alho
250g de manteiga
1 xícara de leite integral
3 ramos de alecrim
Sal e pimenta branca a gosto

instruções

Prepare um banho-maria e insira o Sous Vide. Ajuste para 193 F. Lave as batatas, descasque e corte. Pegue os alhos, descasque-os e esmague-os. Combine as batatas, alho, manteiga, 2 colheres de sopa de sal e alecrim. Coloque em um saco selável a vácuo. Libere o ar pelo método de deslocamento de água, feche e mergulhe o saco no banho-maria. Cozinhe por 1 hora e 30 minutos.

Assim que o cronômetro parar, retire o saco e transfira para uma tigela e amasse-os. Junte a manteiga e o leite batidos. Tempere com sal e pimenta. Complete com alecrim e sirva.

Espetos de tofu doce com legumes

Preparação + tempo de cozedura: 65 minutos | Porções: 8)

ingredientes

1 abobrinha, fatiada

1 berinjela fatiada

1 pimentão amarelo, picado

1 pimenta vermelha, picada

1 pimentão verde, picado

16 onças de queijo tofu

¼ xícara de azeite

1 colher de chá de mel

Sal e pimenta preta a gosto

instruções

Prepare um banho-maria e insira o Sous Vide. Defina para 186F.

Coloque as abobrinhas e as beringelas em um saco a vácuo que possa ser fechado novamente. Coloque os pedaços de pimenta em um saco lacrado a vácuo. Libere o ar pelo método de deslocamento de água, sele e mergulhe os sacos no banho-maria. Cozinhe por 45 minutos. Após 10 minutos, aqueça uma frigideira em fogo médio.

Coe o tofu e seque-o. Corte em cubos. Pincele com azeite e transfira para a panela e refogue até dourar de cada lado. Transfira para uma tigela, despeje o mel e tampe. Deixe esfriar. Assim que o cronômetro parar, retire os saquinhos e transfira todo o conteúdo para uma tigela. Tempere com sal e pimenta. Descarte os sucos do cozimento. Coloque os legumes e o tofu, alternando entre eles, nos espetos.

filetes de frango dijon

Preparação + tempo de cozedura: 65 minutos | Porções: 4

Ingredientes:

1 kg de filés de frango

3 colheres de sopa de mostarda Dijon

2 cebolas, raladas

2 colheres de amido de milho

½ xícara de leite

1 colher de sopa de raspas de limão

1 colher de chá de tomilho

1 colher de chá de orégano

Alho sal e pimenta preta a gosto

1 colher de sopa de azeite

Indicações:

Prepare um banho-maria e insira o Sous Vide. Defina para 146 F. Bata todos os ingredientes e coloque em um saco lacrado a vácuo. Solte o ar com o método de deslocamento de água, feche e mergulhe o saco em banho-maria, ajuste o cronômetro para 45 minutos. Assim que o cronômetro parar, retire o saco e transfira para uma panela e cozinhe em fogo médio por 10 minutos.

Pimentos recheados com cenoura e nozes

Preparação + tempo de cozedura: 2 horas 35 minutos | Porções: 5

ingredientes

4 chalotas, picadas

4 cenouras picadas

4 dentes de alho, picados

1 xícara de castanha de caju crua, embebida e escorrida

1 xícara de nozes, embebidas e escorridas

1 colher de sopa de vinagre balsâmico

1 colher de sopa de molho de soja

1 colher de sopa de cominho moído

2 colheres de chá de páprica

1 colher de chá de alho em pó

1 pitada de pimenta caiena

4 ramos de tomilho fresco

Raspas de 1 limão

4 pimentas, topos aparados e sem sementes

instruções

Prepare um banho-maria e insira o Sous Vide. Defina para 186F.

Combine cenoura, alho, cebolinha, castanha de caju, nozes, vinagre balsâmico, molho de soja, cominho, páprica, alho em pó, pimenta de Caiena, tomilho no liquidificador e raspas de limão. Misture até obter uma mistura grossa

Despeje a mistura nas cascas de pimenta e coloque-as em um saco lacrado a vácuo. Libere o ar pelo método de deslocamento de água, feche e mergulhe o saco no banho-maria. Cozinhe por 1 hora e 15 minutos. Assim que o cronômetro parar, retire os pimentões e transfira-os para uma travessa.

Pato laranja com páprica e tomilho

Preparação + tempo de cozedura: 15 horas 10 minutos | Porções: 4

Ingredientes:

16 onças de pernas de pato
1 colher de chá de raspas de laranja
2 colheres de sopa de folhas de kaffir
1 colher de chá de sal
1 colher de chá de açúcar
1 colher de sopa de suco de laranja
2 colheres de chá de óleo de gergelim
½ colher de chá de páprica
½ colher de chá de tomilho

Indicações:

Prepare um banho-maria e insira o Sous Vide. Defina para 160 F. Escorra todos os ingredientes em um saco selável a vácuo. Massageie para combinar bem. Solte o ar pelo método de deslocamento de água, feche e mergulhe o saco em banho-maria, ajuste o cronômetro para 15 horas.

Assim que o cronômetro parar, remova o saco. Servir quente.

Perna de peru envolta em bacon

Preparação + tempo de cozedura: 6 horas 15 minutos | Porções: 5

Ingredientes:

14 onças de perna de peru

5 onças de bacon fatiado

½ colher de chá de flocos de malagueta

2 colheres de chá de azeite

1 colher de creme de leite

½ colher de chá de orégano

½ colher de chá de páprica

¼ limão, fatiado

Indicações:

Prepare um banho-maria e insira o Sous Vide. Defina para 160F.

Combine as ervas e especiarias com o creme azedo em uma tigela e pincele sobre o peru. Enrole no bacon e regue com azeite. Coloque em um saco fechado a vácuo junto com o limão. Solte o ar pelo método de deslocamento de água, feche e mergulhe o saco em banho-maria. Defina o temporizador para 6 horas. Assim que o cronômetro parar, remova o saco e fatie. Servir quente.

Mix de aspargos e estragão

Tempo de preparação + cozedura: 25 minutos | Porções: 3

Ingredientes:

1 1/2 libras de espargos médios
5 colheres de manteiga
2 colheres de sopa de suco de limão
½ colher de chá de raspas de limão
1 colher de sopa de cebolinha, fatiada
1 colher de salsa picada
1 colher de sopa + 1 colher de sopa de endro fresco picado
1 colher de sopa + 1 colher de sopa de estragão picado

Indicações:

Faça banho-maria, insira o Sous Vide e ajuste para 183 F. Corte e descarte o fundo estreito dos aspargos. Coloque os aspargos em um saco selável a vácuo.

Solte o ar pelo método de deslocamento de água, feche e mergulhe em banho-maria e ajuste o cronômetro para 10 minutos.

Assim que o cronômetro parar, remova o saco e abra o lacre. Leve uma panela ao fogo baixo, acrescente a manteiga e os aspargos cozidos no vapor. Tempere com sal e pimenta e mexa sempre. Adicione o suco e as raspas de limão e cozinhe por 2 minutos.

Desligue o fogo e acrescente a salsa, 1 colher de sopa de endro e 1 colher de sopa de estragão. Lance uniformemente. Decore com o restante endro e estragão. Sirva quente como acompanhamento.

Couve-Flor Picante

Preparação + tempo de cozedura: 35 minutos | Porções: 5

Ingredientes:

1 libra de couve-flor, cortada
1 colher de sopa de cúrcuma
1 colher de chá de pimenta em pó
½ colher de chá de alho em pó
1 colher de chá de sriracha
1 colher de sopa de chipotle
2 colheres de sopa de manteiga

Indicações:

Prepare um banho-maria e insira o Sous Vide. Defina para 185F.

Bata todos os ingredientes, exceto a couve-flor. Pincele os bifes de couve-flor com a mistura. Coloque-os em um saco lacrado a vácuo. Solte o ar pelo método de deslocamento de água, feche e mergulhe o saco em banho-maria, ajuste o cronômetro para 18 minutos.

Assim que o cronômetro parar, retire o saco e pré-aqueça a grelha e cozinhe os bifes por um minuto de cada lado.

Tiras de batata caiena com molho de maionese

Preparação + tempo de cozedura: 1 hora e 50 minutos | Porções: 6

ingredientes

2 batatas douradas grandes, cortadas em tiras
Sal e pimenta preta a gosto
1 1/2 colheres de sopa de azeite
1 colher de chá de tomilho
1 colher de chá de páprica
½ colher de chá de pimenta caiena
1 gema de ovo
2 colheres de sopa de vinagre de cidra
¾ xícara de óleo vegetal
Sal e pimenta preta a gosto

instruções

Prepare um banho-maria e insira o Sous Vide. Ajuste para 186 F. Coloque as batatas com uma pitada de sal em um saco lacrado a vácuo. Solte o ar pelo método de deslocamento de água, sele e mergulhe em banho-maria. Cozinhe por 1 hora e 30 minutos.

Assim que o cronômetro parar, retire as batatas e seque-as com papel de cozinha. Descarte os sucos do cozimento. Aqueça o óleo em uma frigideira em fogo médio. Adicione as batatas fritas e polvilhe com páprica, pimenta caiena, tomilho, pimenta do reino e o sal restante. Mexa por 7 minutos até que as batatas estejam douradas por todos os lados.

Para fazer a maionese: misture bem a gema e metade do vinagre. Lentamente, despeje o óleo vegetal, mexendo, até ficar homogêneo. Adicione o vinagre restante. Tempere com sal e pimenta e misture bem. Sirva com batatas fritas.

Pato na manteiga e doce

Preparação + tempo de cozedura: 7 horas 10 minutos | Porções: 7)

Ingredientes:

2 quilos de asas de pato
2 colheres de açúcar
3 colheres de manteiga
1 colher de sopa de maple syrup
1 colher de chá de pimenta preta
1 colher de chá de sal
1 colher de pasta de tomate

Indicações:

Prepare um banho-maria e insira o Sous Vide. Defina para 175F.

Misture os ingredientes em uma tigela e pincele as asas com a mistura. Coloque as asas em um saco lacrado a vácuo e despeje a mistura restante por cima. Solte o ar pelo método de deslocamento de água, feche e mergulhe o saco em banho-maria, ajuste o cronômetro para 7 horas. Assim que o cronômetro parar, remova o saco e fatie. Servir quente.

Manteiga Inhame

Preparação + tempo de cozedura: 1 hora e 10 minutos | Porções: 4

ingredientes

1 libra de batata-doce, fatiada
8 colheres de manteiga
½ xícara de creme
sal a gosto

instruções

Prepare um banho-maria e insira o Sous Vide. Ajuste para 186 F. Combine creme, inhame, sal kosher e manteiga. Coloque em um saco selável a vácuo. Libere o ar pelo método de deslocamento de água, feche e mergulhe o saco no banho-maria. Asse por 60 minutos.

Assim que o cronômetro parar, retire o saco e despeje o conteúdo em uma tigela. Usando um processador de alimentos misture bem e sirva.

Quiche de espinafres e cogumelos

Preparação + tempo de cozedura: 20 minutos | Porções: 2

Ingredientes:

1 xícara de cogumelos cremini frescos, fatiados

1 xícara de espinafre fresco, picado

2 ovos grandes, batidos

2 colheres de leite integral

1 dente de alho, picado

¼ xícara de parmesão ralado

1 colher de sopa de manteiga

½ colher de chá de sal

Indicações:

Lave os cogumelos em água fria corrente e corte-os em fatias finas. Pôr de lado. Lave bem o espinafre e pique grosseiramente.

Num saco grande com fecho a vácuo, coloque os cogumelos, os espinafres, o leite, o alho e o sal. Feche o saco e cozinhe a vácuo por 10 minutos a 180 F.

Enquanto isso, derreta a manteiga em uma panela grande em fogo médio. Retire a mistura de vegetais do saco e coloque-a em uma panela. Cozinhe por 1 minuto e acrescente os ovos batidos. Misture bem até incorporar e cozinhe até que os ovos estejam bem firmes. Polvilhe com queijo ralado e retire do lume para servir.

Manteiga de Milho Mexicana

Preparação + tempo de cozedura: 40 minutos | Porções: 2

ingredientes

2 espigas de milho descascadas

2 colheres de sopa de manteiga fria

Sal e pimenta preta a gosto

¼ xícara de maionese

½ colher de sopa de pimenta em pó estilo mexicano

½ colher de chá de raspas de limão

¼ xícara de queijo feta esfarelado

¼ xícara de coentro fresco picado

Rodelas de lima, para servir

instruções

Prepare um banho-maria e insira o Sous Vide. Defina como 183F.

Coloque as espigas de milho e a manteiga em um saco a vácuo que pode ser fechado novamente. Tempere com sal e pimenta. Libere o ar pelo método de deslocamento de água, feche e mergulhe o saco no banho-maria. Cozinhe por 30 minutos.

Quando o cronômetro parar, remova o milho. Em um saquinho, coloque a maionese, as raspas de limão e a pimenta em pó. Agite bem. Coloque o queijo feta em um prato. Cubra as espigas de milho com 1 colher (sopa) de maionese e passe no queijo. Decore com sal. Servir.

Pêras Queijo com Nozes

Tempo de preparação + cozedura: 55 minutos | Porções: 2

ingredientes

1 pêra, fatiada
1 libra de mel
½ xícara de nozes
4 colheres de sopa de grana padano em flocos
2 xícaras de folhas de rúcula
Sal e pimenta preta a gosto
2 colheres de sopa de suco de limão
2 colheres de sopa de azeite

instruções

Prepare um banho-maria e insira o Sous Vide. Defina para 158 F. Combine mel e peras. Coloque em um saco selável a vácuo. Libere o ar pelo método de deslocamento de água, feche e mergulhe o saco no banho-maria. Cozinhe por 45 minutos. Quando o cronômetro parar, remova o saco e transfira-o para uma tigela. Complete com o molho.

Purê de brócolis e queijo azul

Preparação + tempo de cozedura: 1 hora e 40 minutos | Porções: 6

ingredientes

1 cabeça de brócolis cortada em floretes
3 colheres de manteiga
Sal e pimenta preta a gosto
1 colher de salsa
150 g de queijo azul, esfarelado

instruções

Prepare um banho-maria e insira o Sous Vide. Defina para 186F.

Coloque o brócolis, a manteiga, o sal, a salsinha e a pimenta-do-reino em um saco lacrado a vácuo. Libere o ar pelo método de deslocamento de água, feche e mergulhe o saco no banho-maria. Cozinhe por 1 hora e 30 minutos.

Assim que o cronômetro parar, retire o saco e transfira para um liquidificador. Coloque o queijo dentro e bata em velocidade alta por 3-4 minutos até ficar homogêneo. Servir.

abobrinha ao curry

Preparação + tempo de cozedura: 40 minutos | Porções: 3

Ingredientes:

3 abobrinhas pequenas cortadas em cubinhos
2 colheres de chá de caril em pó
1 colher de sopa de azeite
Sal e pimenta preta a gosto
¼ xícara de coentro

Indicações:

Faça um banho de água, insira o Sous Vide e coloque a 185 F. Coloque a abobrinha em um saco lacrado a vácuo. Libere o ar pelo método de deslocamento de água, feche e mergulhe o saco no banho-maria. Cozinhe por 20 minutos. Assim que o cronômetro parar, remova e abra a bolsa. Leve uma frigideira ao fogo médio, adicione o azeite. Depois de aquecido, adicione a abobrinha e outros ingredientes listados. Tempere com sal e refogue por 5 minutos. Sirva como acompanhamento.

Batata doce assada com nozes

Preparação + tempo de cozedura: 3 horas 45 minutos | Porções: 2

ingredientes

1 libra de batata-doce, fatiada
sal a gosto
¼ xícara de nozes
1 colher de óleo de coco

instruções

Prepare um banho-maria e insira o Sous Vide. Defina para 146 F. Coloque as batatas e o sal em um saco lacrado a vácuo. Libere o ar pelo método de deslocamento de água, feche e mergulhe o saco no banho-maria. Cozinhe por 3 horas. Aqueça uma frigideira em fogo médio e toste as nozes. Corte-os.

Pré-aqueça também a 375 F e forre uma assadeira com papel manteiga. Assim que o cronômetro parar, retire as batatas e transfira-as para a assadeira. Regue com óleo de coco e leve ao forno por 20-30 minutos. Jogue uma vez. Sirva coberto com nozes torradas.

Beterraba Picante

Tempo de preparação + cozedura: 50 minutos | Porções: 4

ingredientes

12 onças de beterraba, fatiadas
½ pimenta jalapeño
1 dente de alho picado
2/3 xícara de vinagre branco
2/3 xícara de água
2 colheres de sopa de picles

instruções

Prepare um banho-maria e insira o Sous Vide. Ajuste para 192 F. Em 5 potes de pedreiro, misture a pimenta jalapeño, a beterraba e os dentes de alho.

Aqueça uma panela e ferva o tempero, a água e o vinagre branco. Escorra e despeje sobre a mistura de beterraba dos potes. Feche e mergulhe os frascos no banho-maria. Cozinhe por 40 minutos. Assim que o cronômetro parar, retire os potes e deixe esfriar. Servir.

Manteiga de milho picante

Preparação + tempo de cozedura: 35 minutos | Porções: 5

ingredientes

5 colheres de manteiga
5 espigas de milho amarelo descascadas
1 colher de sopa de salsa fresca
½ colher de chá de pimenta caiena
sal a gosto

instruções

Prepare um banho-maria e insira o Sous Vide. Defina para 186F.

Coloque 3 espigas de milho em cada saco selável a vácuo. Libere o ar pelo método de deslocamento de água, sele e mergulhe os sacos no banho-maria. Cozinhe por 30 minutos. Assim que o cronômetro parar, retire o milho dos sacos e transfira para um prato. Decore com pimenta caiena e salsa.

Batatas com páprica e alecrim

Tempo de preparação + cozedura: 55 minutos | Porções: 4

ingredientes

8 onças de batatas de alevinos
Sal e pimenta preta a gosto
1 colher de sopa de manteiga
1 raminho de alecrim
1 colher de chá de páprica

instruções

Prepare um banho-maria e insira o Sous Vide. Defina para 178F.

Misture as batatas com sal, páprica e pimenta. Coloque-os em um saco lacrado a vácuo. Libere o ar pelo método de deslocamento de água, feche e mergulhe o saco no banho-maria. Cozinhe por 45 minutos.

Assim que o cronômetro parar, retire as batatas e corte-as ao meio. Aqueça a manteiga em uma frigideira em fogo médio e misture o alecrim e as batatas. Cozinhe por 3 minutos. Sirva em um prato. Decore com sal.

Pão De Abóbora No Pote

Preparação + tempo de cozedura: 3 horas 40 minutos | Porções: 4

Ingredientes:

1 ovo, batido
6 colheres de sopa de purê de abóbora em conserva
6 onças de farinha
1 colher de chá de fermento em pó
1 colher de chá de canela
¼ colher de chá de noz-moscada
1 colher de açúcar
¼ colher de chá de sal

Indicações:

Prepare um banho-maria e insira o Sous Vide. Defina para 195F.

Peneire a farinha com o fermento, o sal, a canela e a noz-moscada para uma tigela. Misture o ovo batido, o açúcar e o purê de abóbora. Misture para formar uma massa.

Divida a massa entre dois frascos de pedreiro e feche. Coloque em banho-maria e cozinhe por 3 horas e 30 minutos. Passado o tempo, retire os frascos e deixe arrefecer antes de servir.

Ovas de alho-poró e alho

Preparação + tempo de cozedura: 35 minutos | Porções: 2

Ingredientes:

2 xícaras de alho-poró fresco, cortado em pedaços pequenos
5 dentes de alho inteiros
1 colher de sopa de manteiga
2 colheres de sopa de azeite extra virgem
4 ovos grandes
1 colher de chá de sal

Indicações:

Bata os ovos, a manteiga e o sal. Transfira para um saco selável a vácuo e Sous Vide por dez minutos a 165 F. Transfira delicadamente para um prato. Aqueça o óleo em uma frigideira grande em fogo médio. Adicione o alho e o alho-poró picado. Refogue por dez minutos. Retire do fogo e use para decorar os ovos.

Molho cremoso de alcachofra

Preparação + tempo de cozedura: 1 hora e 45 minutos | Porções: 6

Ingredientes:

2 colheres de sopa de manteiga
2 cebolas, cortadas em quartos
3 dentes de alho, picados
150 g de corações de alcachofra picados
180 g de espinafre congelado, descongelado
150 g de malagueta verde
3 colheres de sopa de maionese
3 colheres de sopa de requeijão cremoso

Indicações:

Faça banho-maria, coloque Sous Vide nele e em 180 F. Divida as cebolas, alho, corações de alcachofra, espinafre e pimentão verde em 2 sacos seláveis a vácuo. Libere o ar pelo método de deslocamento de água, sele e mergulhe os sacos no banho-maria. Defina o temporizador para 30 minutos para cozinhar.

Assim que o cronômetro parar, remova e abra os sacos. Bata os ingredientes usando um liquidificador. Leve uma frigideira ao fogo médio e acrescente a manteiga. Adicione o purê de legumes, o suco de limão, a maionese e o cream cheese. Tempere com sal e pimenta. Mexa e cozinhe por 3 minutos. Sirva quente com tiras de legumes.

Molho de Queijo e Rabanetes

Preparação + tempo de cozedura: 1 hora e 15 minutos | Porções: 4

Ingredientes:

30 rabanetes pequenos, sem folhas verdes
1 colher de sopa de vinagre Chardonnay
Açúcar a gosto
1 xícara de água para cozinhar no vapor
1 colher de sopa de óleo de semente de uva
12 onças de queijo creme

Indicações:

Faça banho-maria, insira o Sous Vide e ajuste para 183 F. Coloque os rabanetes, sal, pimenta, água, açúcar e vinagre em um saco lacrado a vácuo. Solte o ar do saco, feche-o e mergulhe-o no banho-maria. Cozinhe por 1 hora. Assim que o cronômetro terminar, retire o saco, abra o lacre e transfira os rabanetes com um pouco de água fervente para o liquidificador. Adicione o cream cheese e bata até formar uma pasta lisa. Servir.

molho de aipo

Tempo de preparação + cozedura: 50 minutos | Porções: 3

Ingredientes:

½ libra de raiz de aipo, fatiada
1 xícara de creme
3 colheres de manteiga
1 colher de sopa de suco de limão
sal a gosto

Indicações:

Faça banho-maria, insira o Sous Vide e ajuste para 183 F. Coloque o aipo, creme, suco de limão, manteiga e sal em um saco lacrado a vácuo. Solte o ar do saco, feche-o e mergulhe-o no banho. Cozinhe por 40 minutos. Assim que o cronômetro parar, remova e abra a bolsa. Bata os ingredientes usando um liquidificador. Servir.

molho barbecue picante

Preparação + tempo de cozedura: 1 hora e 15 minutos | Porções: 10)

Ingredientes:

1 1/2 libras de tomate cereja
¼ xícara de vinagre de maçã
¼ colher de chá de açúcar
1 colher de sopa de molho Worcestershire
½ colher de sopa de fumaça líquida de nogueira
2 colheres de chá de páprica defumada
2 colheres de chá de alho em pó
1 colher de chá de cebola em pó
sal a gosto
½ colher de chá de pimenta em pó
½ colher de chá de pimenta caiena
4 colheres de sopa de água

Indicações:

Faça um banho de água, insira Sous Vide e ajuste a 185 F.

Separe os tomates em dois sacos seláveis a vácuo. Libere o ar pelo método de deslocamento de água, sele e mergulhe os sacos no banho-maria. Defina o temporizador para 40 minutos.

Assim que o cronômetro parar, remova e abra os sacos. Transfira os tomates para um liquidificador e bata até ficar homogêneo e espesso. Não adicione água.

Leve uma panela ao fogo médio, acrescente o extrato de tomate e os demais ingredientes. Deixe ferver, mexendo sempre por 20 minutos. Deve-se obter uma consistência espessa.

xarope de gengibre

Preparação + tempo de cozedura: 1 hora e 10 minutos | Porções: 10)

Ingredientes:

1 xícara de gengibre, em fatias finas
1 cebola branca grande, descascada
2 1/2 xícaras de água
¼ xícara) de açúcar

Indicações:

Faça um banho de água, insira o Sous Vide e coloque a 185 F. Coloque a cebola em um saco lacrado a vácuo. Libere o ar pelo método de deslocamento de água, sele e mergulhe no banho-maria. Cozinhe por 40 minutos.

Assim que o cronômetro parar, remova e abra a bolsa. Transfira a cebola com 4 colheres de sopa de água para um liquidificador e bata até obter uma mistura homogênea. Leve uma panela ao fogo médio, acrescente o purê de cebola e os demais ingredientes listados. Leve ao fogo por 15 minutos. Desligue o fogo, deixe esfriar e coe com uma peneira fina. Armazene em uma jarra, leve à geladeira e use por até 14 dias. Use-o como tempero em outros alimentos.

www.ingramcontent.com/pod-product-compliance
Lightning Source LLC
Chambersburg PA
CBHW050353120526
44590CB00015B/1673